GLAMOUR

DIANA VREELAND E CHRISTOPHER HEMPHILL

Prefácio MARC JACOBS

Tradução CLAUDIO MARCONDES

COSACNAIFY

HORST P. HORST
Diana Vreeland, s. d.

PREFÁCIO DE MARC JACOBS

Para mim, glamour é tentação. É o que nos atrai, aquilo de que não conseguimos despregar o olhar. É o que provoca um estímulo visual magnético, quase mágico – tanto na moda como na vida. E, de certo modo, tenho a impressão de que meu conceito de glamour é bem parecido com o de Diana Vreeland. Embora cada um de nós tenha uma maneira muito característica de agir – por trás de tudo o que faço, e de tudo o que ela fez, há essa paixão absoluta pela atração e o glamour de certas pessoas, lugares e coisas. É isso o que nos motiva e nos instiga. Pode até ser algo que, para outra pessoa, parece muito equivocado ou deixa transparecer um laivo de ironia e perversidade. Na minha opinião, talvez o mais encantador em Vreeland seja precisamente essa capacidade de vislumbrar na beleza pouco convencional algo mais fascinante e glamouroso do que a beleza típica. Ou de reconhecer e apreciar alguém muito excêntrico. Ou, ainda, de ver a beleza na imperfeição, na falha – seguindo na contracorrente da opinião popular e corriqueira sobre o que é bom e correto. Esse tipo de olhar contestador, e a capacidade de vislumbrar a beleza em tudo, é o que havia de mais extraordinário nela. Até onde sei, Vreeland era bastante incomum nessa capacidade de identificar esse tipo de beleza nos outros, de manifestar uma paixão quase perversa pelo inusitado ou pelo atípico. Ou, por outro lado, de se apaixonar por algo bastante comum e corriqueiro. De certa maneira, é quase um paradoxo, pois para ela tanto o único e o extraordinário quanto o mundano e o banal podiam ser fascinantes. Ela era capaz de reconhecer ambas as coisas. Isso, na minha visão, é o que a tornava brilhante.

Eu devia ser adolescente quando me dei conta da existência de Vreeland. Não sei bem o momento preciso, mas passei a me interessar pela moda por volta dos doze anos, ou um pouco antes. Como um bom jovem nova-iorquino, tinha uma voracidade imensa por tudo o que era relacionado à moda. Eu devorava as revistas e logo fiquei encantado pela história da moda e da indumentária. E nesse mundo era impossível não saber quem era Vreeland. Depois eu a vi de perto em uma festa. Que figura! Agora, além de topar com o nome dela impresso por toda parte, também sabia qual era sua aparência. Talvez tenha sido no Metropolitan Museum, durante a exposição de Yves St. Laurent. Ou no Studio 54. Ou, ainda, com Charles Halston. Portanto, devido à sua aparência ou ao modo como era venerada nas páginas das revistas, fiquei curioso para saber quem era ela e o que fazia. Comecei então a folhear com atenção as edições antigas da *Harper's Bazaar* e da *Vogue*, a fim de conhecer o seu trabalho como editora de moda. E logo percebi que havia crescido com a revista *Vogue*, a antiga *Vogue*, que na verdade era fruto da fantasia de Vreeland e, de maneira muito concreta, era ela mesma.

Tão fabuloso era o comportamento dela que me parecia quase o de uma personagem de conto de fadas. Ela foi uma tremenda inspiração para mim. Talvez não diretamente, mas reforçando algo que eu sentia: que vida maravilhosa era aquela, que lhe permitia, no dia a dia, descobrir a beleza, trabalhar com a beleza, interpretar a beleza, ser inspirada pela beleza. Ela era o exemplo perfeito de um tipo humano que sempre me encantou: alguém fiel a uma paixão inspiradora e que cria algo novo a partir daí – e é bem isso o que nós fazemos na realidade. Portanto, nesse sentido, ela foi uma inspiração muito forte.

Na história da moda no século XX, a importância de Vreeland é imensa. Ela se tornou um símbolo. E virou o arquétipo e o estereótipo do que significa ser editor de moda e tomar decisões, descartando o velho e anunciando o novo. Quem assistir ao filme *Cinderela em Paris* [*Funny Face*, de Stanley Donen, 1957] (o que já fiz um milhão de vezes), vai ver uma personagem baseada em Diana Vreeland, alguém capaz de colocar na capa da *Vogue* uma jovem atendente de livraria. Embora no filme isso seja usado como efeito cômico, na verdade alude a uma atitude do tipo "a moda em primeiro lugar"– ou seja, é uma referência à frivolidade, à grandiosidade, à decadência, ao hedonismo e à arrogância da moda. Acredito que todos esses aspectos se tornaram mais adoráveis nas mãos de Vreeland.

Não acho que tenha havido alguém igual a ela. Claro que existiram muitas outras personalidades fortes, mas não outra Diana Vreeland. Anna Wintour é, sem dúvida, igualmente poderosa como editora, talvez ainda mais poderosa que Vreeland, mas cada uma delas tem um perfil. No fim das contas, cada um deve desbravar o próprio caminho. Não creio que alguém deva almejar ser "a próxima Diana Vreeland", tal como ela era. Mas acredito que o espírito da descoberta, a celebração de algo único e novo, que parece muito atual no momento presente, é isso o que faz uma grande editora de moda. Vreeland foi pioneira desse tipo de descoberta e abordagem enaltecedora. Para mim, ela continua a viver em todo grande editor. Tanto faz se este é apaixonado por rock'n'roll, arte, cultura, celebridades ou saúde. Seja o que for, é esse apetite super-hipervoraz que caracteriza todos os grandes editores, os quais dependem disso para estimular a própria criatividade.

Foi o que ocorreu com as fotos incluídas neste livro. Ela aproveitou essas imagens maravilhosas como catalisadoras de sua criatividade. E há tanta coisa aqui! Basta abrir o livro em qualquer ponto. Estou com ele diante de mim, na página com a foto de Mick Jagger, feita por Sir Cecil Beaton. Mais uma vez, é isso o que sempre me emociona tanto em Vreeland: seja em um vestido, seja nos lábios de Mick Jagger – em sua sensualidade –, o que ela via era a beleza, seja do vestido, seja do astro do rock. Ela conseguia vislumbrar o que havia de novo no roqueiro, tal como era capaz de perceber a novidade em uma silhueta. Há ainda outra imagem, a de uma cirurgia de pálpebra, feita por Elliott Erwitt, na qual ela antecipa toda a importância que viria a adquirir a cirurgia plástica. Creio que isso deixa evidente a capacidade de Vreeland para notar algo muito antes dos outros. E é fascinante que ela tenha incluído essa foto, sob tantos aspectos horripilantes, em um livro sobre o glamour. Mick Jagger e a cirurgia de pálpebra são ótimos exemplos, e bem diferentes, do viés paradoxal ou perverso do glamour. Este não tem por que ser algo belo ou agradável. Também pode ser algo fascinante. Bom ou ruim – mas do qual não conseguimos afastar o olhar.

Atualmente há muita gente maravilhosa que possui o mesmo tipo de glamour exemplificado neste livro. Tenho sempre como referência as pessoas que conheci e com quem me relacionei, tanto no trabalho como por amizade. Os artistas contemporâneos, como John Currin, Elizabeth Peyton, Ed Ruscha, Jeff Koons e Richard Prince, exercem um fascínio incrível sobre mim. E também me encanta a arte que eles produzem. O mesmo ocorre com outras pessoas criativas, como Sofia Coppola – na verdade, com muita gente. Igualmente fascinantes são lugares como Paris, St. Barts, Nova York e Londres. Muitas das coisas que conheci têm esse glamour que me faz sempre retornar a elas, que me faz prestar atenção e acompanhar o trabalho dessas pessoas. É o mesmo impulso que me mantem interessado em tudo. É uma fonte de inspiração. É o glamour de pessoas, lugares e coisas que nos inspira, a minha equipe e a mim, a fazer o nosso trabalho.

Sei que há diversas coisas neste livro que vão causar perplexidade – mas devo confessar que não vejo nenhum problema aí. Antes de tudo, qualquer livro ou coleção de imagens editadas por alguém se assemelha bastante a uma coleção de moda, pois é o resultado de uma concepção individual. Essa concepção é provavelmente uma das maiores qualidades de Vreeland. Nela não há nada de reticente. Tudo parece adequado. Sua voz e sua visão eram muito, muito nítidas. Posso estar equivocado, mas não creio que Vreeland pensasse de modo muito linear. Imagino que se entusiasmava e se inspirava diante de coisas muito diversas. E como também penso de maneira pouco linear, não tenho a menor dificuldade para entender o jeito dela. Entendo por que colocou determinada imagem ao lado de outra, por que essas imagens específicas foram escolhidas, e sei que todas têm sua razão de ser no livro. Acho que ela confiava em si mesma. Esse tipo de confiança não é apenas um capricho, mas um impulso legítimo nascido da sensibilidade. Vreeland não se justifica por nada. E não há nada que exija explicação. O motivo de essas imagens serem repletas de glamour é simplesmente porque ela as via assim.

MARIA CALLAS

NOTAS SOBRE A COLABORAÇÃO

"Jamais diga 'eu'!", Diana Vreeland me advertiu há pouco. "Sempre diga 'nós'!"

Ela se referia não apenas à nossa colaboração neste livro que você tem em mãos – uma aventura que nos absorveu durante três anos –, mas também por toda a sua carreira. Como editora de moda da *Harper's Bazaar*, editora-chefe da *Vogue* e, depois, como consultora especial do Metropolitan Museum of Art, Vreeland sempre trabalhou com outras pessoas. Tendo isso em mente, podemos começar a entender a miríade de singularidades que a caracterizavam.

Minha impressão inicial dela foi algo surpreendente. Certa tarde, ela apareceu no imenso e vazio saguão do ateliê de Andy Warhol, onde eu trabalhava solitário em uma comprida mesa da época de Mussolini. De suéter preto, calça preta, lenço roxo na cintura e óculos de sol redondos, deslizando na ponta dos pés como uma bailarina, ela deu vários passos sala adentro antes de estacar a alguns metros do local onde eu estava. Então me levantei. Erguendo os óculos até a testa, deixando à mostra "as pálpebras à Modigliani e o nariz generosamente largo, quase fremente com as vibrações sensíveis de sua personalidade" (como disse Sir Cecil Beaton, em *The Glass of Fashion* [O espelho da moda]), ela me fitou de modo ao mesmo tempo crítico e compassivo. Esperei que dissesse algo. Ela estendeu a mão.

"Olá", disse com malícia.

Ali teve início uma amizade que se consolidaria com nossa colaboração.

Pouco depois desse primeiro encontro, Vreeland me contou, durante um almoço de domingo, uma história ocorrida na Floresta Negra, na década de 1930, envolvendo o barão De Meyer, o primeiro grande fotógrafo de moda, a mulher dele, Olga, e um salão extraordinário que se abria inesperadamente, como num sonho. Após introduzir o tema, Vreeland propôs uma ideia que aceitei sem hesitar. Ela me perguntou se eu não estaria interessado em ajudá-la a preparar um livro sobre os grandes fotógrafos de moda.

Mais tarde, no mesmo dia, agora em seu apartamento perfumado, ela me mostrou o tipo de imagem que gostaria de usar, uma foto recortada de uma edição da *Vogue*, a qual duvido que alguém mais tivesse notado, pois não era muito maior do que sua unha. "Meu instinto imediato", disse ela, "é ampliar essa foto – bem grande! Não pode parecer como se ela tivesse sido tirada de uma moldura de prata. Você tem de *fazer* algo com ela!"

Embora dotado de uma lógica própria, que só fui entender mais tarde, o método de trabalho de Vreeland nunca foi óbvio e estava sempre se modificando, como as frases numa dessas mesas para comunicação com os espíritos. No domingo seguinte, convencida de que o livro deveria incluir mais do que fotos de moda, ela me pediu que encontrasse uma imagem de Maria Callas, que se lembrava de ter visto em uma revista italiana de paparazzi na época em que trabalhava na *Vogue*. "Se os olhos pudessem lançar

páginas anteriores
RICHARD AVEDON
La Folle de Chaillot
[A louca de Chaillot], 1949.

JAMES KARALES/ LOOK
Diana Vreeland na Vogue, 1966.

chispas", comentou, tentando descrever a expressão de Callas, "*todos* ali em volta estariam fulminados!"

Muitos domingos depois, após exaustivas buscas, achei uma foto que parecia se enquadrar naquela descrição. "É forte, não há dúvida", disse ela, examinando-a com olhar crítico, "mas não é *bem* o que eu quero. Claro que você já deve ter notado que estou atrás da perfeição *extrema*... e também que sou péssima com fatos. Mas sempre tenho uma *ideia*. E se você tem uma *ideia*, já andou metade do caminho!"

No final, encontrei a foto impressa aqui, na qual Vreeland está sentada diante de seu quadro de avisos na *Vogue*, surpreendida, como sempre a imagino, no meio de um gesto. Na parede do fundo dá para ver uma foto de Maria Callas, com as mãos da diva descrevendo um movimento no ar parecido com o de Vreeland. Usando essa imagem como guia, consegui encontrar o que imaginei ser a elusiva foto dentro da foto. Durante toda a nossa colaboração, esse episódio acabou funcionando como um padrão de excelência fotográfica.

Pouco antes de o livro seguir para a gráfica, Vreeland começou a se mostrar insatisfeita com a foto, que agora não lhe parecia forte o bastante. Um tanto desanimado, mostrei-lhe então a foto dentro da foto do quadro de avisos. "Ah, mas eu tinha um monte de fotos da Callas naquele quadro", retrucou. "A imagem que estou buscando talvez jamais tenha *existido*."

No final, decidimos aproveitar quase todas as imagens de Maria Callas.

Em todas as fotos, o que Vreeland perseguia era uma emanação da personalidade, uma força sugestiva que transcendesse a própria imagem. E a sua busca dessa foto de Maria Callas lança luz sobre um traço de sua personalidade. A despeito de todas as singularidades, ela é desprovida de narcisismo; sempre exigente, mesmo assim ela consegue se manter espontânea e intacta. Era intuitivamente platônica, avançava por associações, sempre se acercando de um ideal. Para ela, os outros eram importantes como intérpretes desse ideal; e, por sua vez, ela também fazia questão de ser interpretada, como vim a descobrir.

Quando estava encarregado de cuidar das fitas gravadas por Andy Warhol, tive a oportunidade de fazer um estudo de Vreeland, antes mesmo de conhecê-la. Ali estava alguém, concluí, cuja fala rococó justificava a ideia brilhante, ainda que um tanto maníaca, de gravar a própria vida; uma pessoa, enfim, para quem o gravador poderia ter sido especialmente inventado. Embora a voz dela quase permitisse *ver* os itálicos com que fala, a escolha de palavras é ainda mais notável do que o modo como são pronunciadas. "Ela dá a impressão de que passou muito tempo em lojas de conveniência na Times Square", comentou Beaton a respeito de suas gírias, ao passo que o uso de termos estrangeiros, que pontuam sua conversa, é tão natural e sem afetação quanto a respiração. Talvez isso se deva às circunstâncias inusitadas de sua formação. Nascida em Paris, de pais que falavam inglês, ela só começou a falar esta língua ao se mudar para os Estados Unidos, no início da adolescência. Porém, seja qual for o motivo, agora, como uma poetisa, ela parece inventar a própria sintaxe à medida que fala.

No começo de nosso trabalho, Vreeland aceitou de bom grado uma ideia que eu vinha acalentando – a de registrar suas palavras com um gravador. Passei a fazer isso em toda parte – em restaurantes, táxis e durante o que ela chamava de nossas "sessões", selecionando fotos à mesa, acomodados ambos em banquetas estofadas com a mesma seda listrada e brilhante que recobria as paredes do apartamento. Ela queria imagens tanto de seus anos de formação, quando era uma voraz consumidora de revistas, como do período em que nelas trabalhou – em função disso, as minhas pesquisas me levaram a vasculhar arquivos que remontavam ao início do século. E com frequência Vreeland lembrava que estávamos apenas reeditando o que já fora editado por outros, mas o fato é que, ao longo da nossa elaboração e reelaboração, acabamos nos apropriando desse material.

"Aqui estamos em nosso mundinho, fora do tempo e do espaço...", devaneava por vezes Vreeland, para logo em seguida retomar seu sentido prático. "Muito bem, vamos colocar a velha Daisy com as pérolas, e numa dupla!" Nessa altura, eu sabia que Daisy era a esposa do nobre Reginald Fellowes e também em qual das inúmeras fotos dela Vreeland estava pensando. Em uma transformação extraordinária, Daisy Fellowes, que eu jamais tivera a oportunidade de conhecer, agora parecia minha contemporânea.

Na maior parte do tempo, Vreeland mal se dava conta da presença invasiva do gravador em nossas sessões, ou, pelo menos, conseguia disfarçar bem. De vez em quando, porém, ela percebia que estava sendo gravada. Certa vez, durante um dos raros silêncios na conversa, a fita chegou ao fim e o aparelho desligou sozinho com um estalo. "Pobrezinho", comentou ela, compassiva, "e não é que ele está vivo? Agora ficou *enfastiado*. Não podemos deixar cair a peteca! Precisamos ser divertidos *o tempo todo*!"

Esse último comentário foi animado pelo espírito do que se costumava chamar de "alta sociedade", um mundo de mulheres sofisticadas, como Fellowes, que Vreeland continuava a admirar e recordar, embora tivesse plena consciência de quão anacrônico tornara-se o próprio termo. Para ela, não deixar "a peteca cair" não tem nada a ver com certa frivolidade da alta sociedade, mas antes com um senso muito requintado de disciplina e ritmo. Esse senso perpassa tudo o que ela faz – o modo como anda, como fala e, no nosso caso, a própria diagramação do livro.

"Todos os meus velhos hábitos de trabalho estão voltando", costumava dizer à medida que avançava o projeto. Nos termos dela, "o livro" significava o mesmo que, nas redações das revistas, a edição a ser enviada à gráfica. E com base em sua experiência, acabamos por diagramar este livro como uma espécie de revista idealizada. Com Alexey Brodovitch, o diretor de arte da *Harper's Bazaar*, ela aprendera a opor duas imagens – numa página dupla – com escalas e formatos contrastantes. Também aprendera a usar as variações rítmicas de escala e formato na sequência das páginas. Enquanto trabalhávamos, as páginas começaram a se seguir umas às outras com os mesmos cortes engenhosamente cadenciados que marcavam a conversa de Vreeland. "Quero cabeças, quero braços, quero pernas!", ela me pediu um dia, rasgando um layout que parecia definido. "Quero pés! Quero *mãos*!"

Um ano depois, quando o livro começava a tomar forma, um amigo comum examinou o trabalho e comentou que dava para notar "certa unidade".

"Hummm...", fez Vreeland, o nariz indicando o desconforto com a observação, que na verdade fora dita como um elogio. "O que esse livro precisa é de um pouco mais de *des*-unidade!"

E lá fomos de volta à mesa de trabalho.

Muitas das imagens de maior impacto surgiram na etapa final de nossa colaboração, entre as quais a da cirurgia de pálpebra aqui incluída, que fora encomendada por Vreeland para a *Vogue*, mas jamais publicada. Na mesma época, o texto que eu vinha preparando a partir das gravações passou pelo escrutínio dela. "Está muito arrumado, há padrões explícitos demais...", opinou ela sobre uma versão inicial, "e seja o que for que escreva, *não* tente fazer frases com começo, meio e fim! Não esqueça os pontos e os hifens! Afinal esta é uma época *completamente* visual..."

Ela nunca concluiu a frase, mas sua intenção era óbvia. Portanto, procuramos aqui transmitir o imediatismo de nossa aventura. Na visão de Vreeland, nada é mais artificioso do que o efeito de espontaneidade, e nos textos que acompanham as imagens uni frases dela separadas por anos, recorrendo a um método não muito diverso das intervenções implacáveis que, segundo contou, ela usava na *Vogue*, juntando partes de modelos diferentes em uma única foto. Seu propósito era criar "o todo perfeito"; o meu, aproveitando duas frases aparentemente contraditórias de Sir Cecil Beaton, foi dar uma ideia tanto do "gênio acidental" de Vreeland como de sua "rigorosa abordagem poética". Quando ela se dirige a mim como "você", espero que esteja falando com você, leitor.

O título veio por último.

Alguns títulos despertam ideias; outros as resumem. O nosso, obviamente, tende a ser destes últimos. Quando estávamos quase concluindo, propus o título *Além da moda*.

"Humm...", replicou Vreeland. "Mas há *alguma coisa* além da moda?" (Os pensamentos dela sobre o que pode estar além da moda podem ser lidos no final do livro.)

Por fim, acabamos ficando com *Glamour*, palavra que Vreeland usava com frequência para descrever uma qualidade elusiva que buscava em imagens, pessoas e coisas. "'Glamour' é um termo pouco usado hoje", disse ela, "mas é algo que existe. O glamour é algo que nos *arrebata*, não é? Seja um olhar na rua, ou um rosto na multidão, ou alguém sentado à nossa frente no almoço... ficamos *arrebatados*."

Ao ouvir essa definição, pensei nas recordações que ela tinha dos outros e pensei nela. Como todos nós, ao falar dos outros, em última análise ela está falando de si mesma. Proust descreve esse fenômeno no final de seu romance quando se reconhece em todas as personagens, até mesmo na velha tia Leonie. Do mesmo modo, as imagens aqui incluídas têm uma unidade a que Vreeland resistia; juntas, porém, elas acabam formando um retrato de sua personalidade.

Vreeland era coerente até mesmo quando se contradizia. Pouco antes de o livro ficar pronto, ela propôs uma nova definição de "glamour". "Agora me parece que é algo que emana da gente", disse ela, "como um perfume ou um rasto. É como a memória... ela *permeia* tudo."

CHRISTOPHER HEMPHILL
Nova York, janeiro de 1980

As fotos selecionadas abrangem uma gama variada de estilos: retratos de estúdio, fotos de paparazzi, fotos de jornais e revistas, fotos de publicidade e fotos, ainda que posadas, feitas à luz natural.

Muitas já foram publicadas – em alguns casos foi impossível obter os originais, ou estes haviam se perdido para sempre – e várias foram reproduzidas das páginas de jornais e revistas.

Este é um pot-pourri que escolhi para entreter e talvez agradar ao leitor.

DIANA VREELAND

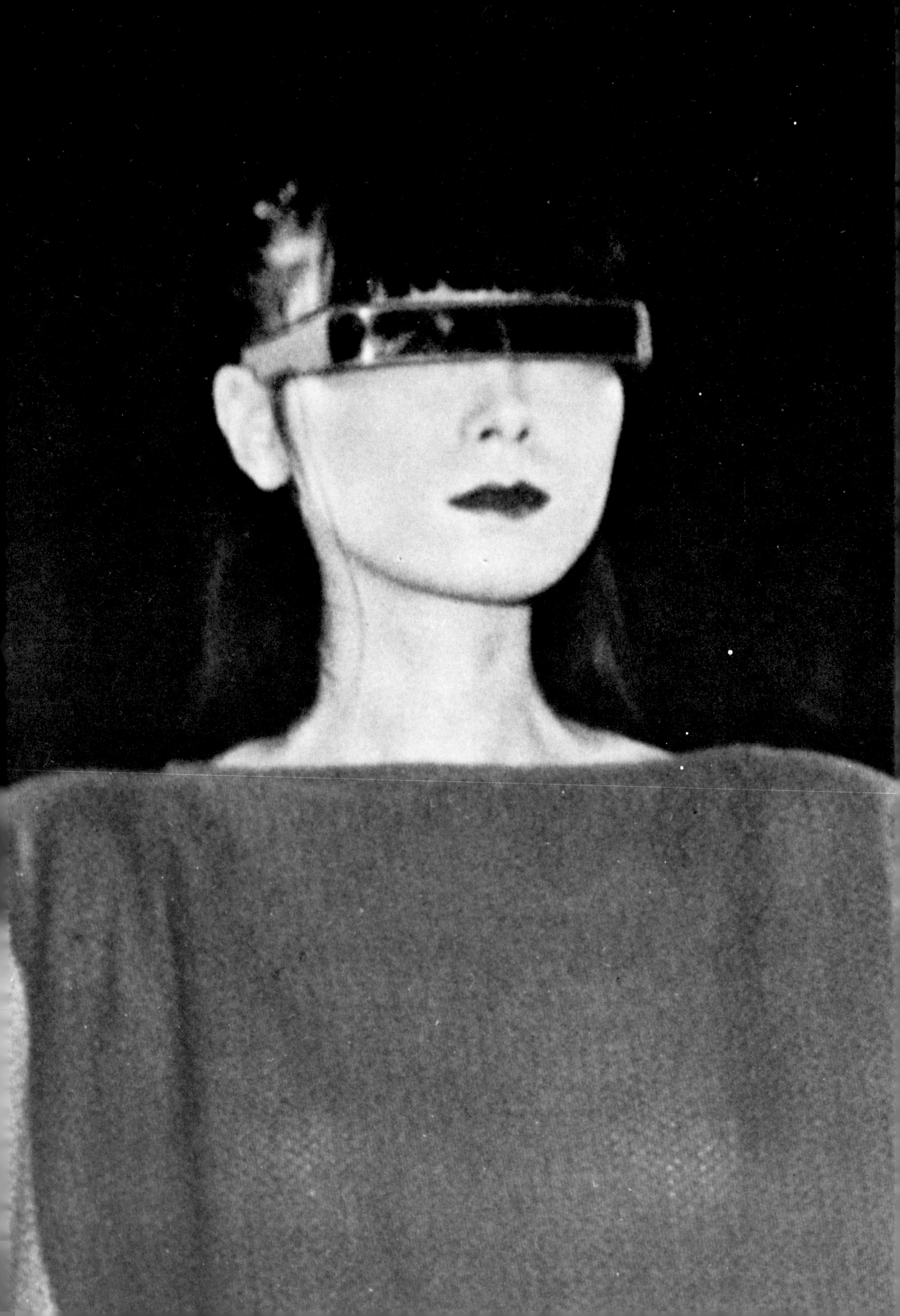

BOB KRIEGER/VOGUE
Modelo de Issey Miyake, 1977.

páginas seguintes
BARÃO DE MEYER
Baronesa De Meyer (detalhe), c. 1958.

A jovem que *vê*... isso é quase um começo.

Será que alguém lê um livro de fotos desde o início? Eu jamais faço isso. Este é um dos motivos por que acho os japoneses tão inteligentes – é algo instintivo começar pelo fim.

O olho tem de viajar.

Foi assim que achei essa imagem de uma modelo japonesa, ao folhear uma edição da *Vogue* – de trás para a frente, claro. Tenho aquele tipo de olho que viaja pela página de uma revista, encontra um detalhe minúsculo e de aparência insignificante, do tamanho de uma unha – e fica *absolutamente* fascinado. Meu instinto imediato é querer ampliar esse detalhe – torná-lo bem grande!

Na minha opinião, diagramar uma bela imagem de maneira igualmente bela é uma rematada chatice. O que você tem de fazer é ampliar a imagem por toda a página, avançando pela margem, recortando, dividindo ao meio, combinando com outra coisa... extraia *algo* dela. Você tem de *fazer* algo disso!

Tudo está na combinação – certas imagens, certos pensamentos... é a *sugestão* de outra coisa. Claro que, hoje, nada sugere nada – com exceção da publicidade. Já vimos imagens demais. Acho que o caminho visual tornou-se superbatido e superlotado.

Agora que trabalho no museu, tudo o que faço é mergulhar no meu passado – e no passado alheio que jamais me pertenceu. No entanto, para mim, a coisa mais enfadonha que existe *na Terra* é ficar preso ao mundo *daquilo* que se faz. Isso significa que as pessoas só esperam de você o que elas acham que vão conseguir. Para mim, isso está longe de ser um Grande Momento.

Este livro não é sobre o passado. Estou em busca de outra coisa. O que me interessa é a sugestão... de algo que nunca vi.

Sempre fiquei fascinada diante do absurdo, do luxo e do esnobismo do mundo apresentado nas revistas de moda. Claro que não é para qualquer um – *agora*. Você não conseguiria nem mesmo respirar o ar da despensa da casa de uma mulher que usava o tipo de vestido que a *Vogue* e a *Harper's Bazaar* costumavam mostrar na época em que eu era mais jovem. Mas eu *vivi* naquele mundo, na época em que trabalhei nessas revistas, e mesmo antes, durante anos, porque sempre *pertenci* a esse mundo – em minha imaginação.

Costumava contemplar as fotos do barão De Meyer *o tempo todo*. Acho que era um fotógrafo extraordinário. Ele captava algo além da moda, além da fotografia – algo tão peculiar, tão sensual, tão afetado... as melhores fotos dele nos levam para fora do espaço e do tempo. No entanto, hoje elas sobrevivem como algo suntuoso e maravilhoso.

Curiosamente, de todas as imagens que temos, são as fotos dele que mais me fazem pensar. Disse "curiosamente" porque nunca trabalhei com ele. Nem sequer o conheci. Talvez o tenha visto em um restaurante parisiense, almoçando sozinho. Nessa época, já era um fotógrafo *passé*. É terrível dizer isso a respeito de alguém, mas ao usar esse termo, você sabe exatamente o que quero dizer. Era algo que dava para *ver*. Ele ainda tinha cabelo e certo ar distinto. Mas o cabelo era tingido de azul. Ele havia engordado. Não fotografava mais. E a baronesa De Meyer já estava morta.

Todo mundo na Europa sabia da história: que a mulher de De Meyer, Olga, era a filha ilegítima de Edward VII; que o título de barão era honorário e fora concedido pelo rei Edward... mas o que nunca entendi é onde este conheceu De Meyer. Sei que fazia questão de que a filha se casasse bem, muito bem. E todo mundo sabia que era um *mariage blanc*, mas e daí? Muitos dos melhores casamentos são assim. Sei que Olga e De Meyer se amavam muito, de verdade, e vou lhe contar por que digo isso.

Em meados dos anos 30, o meu marido, Reed, e eu estávamos em Freiburg im Breisgau, em uma *Kurhaus*, que significa "sanatório", mas em alemão parece muito mais exótico, pois soa como "casa de putas".

Fazíamos banhos e massagens e caminhávamos pela Floresta Negra, que era incrivelmente bonita. E havia um médico famoso nessa *Kurhaus*, o dr. Hoven, sempre de luvas pretas. Ele tinha câncer nas mãos e os dedos estavam apodrecendo. Ele havia se queimado ao inventar o raio Grenz, do qual existiam apenas três no mundo. Toda manhã eu costumava receber uma dose do tal raio nos seios – de maneira controlada, claro, só uma aplicação fraca aqui e ali. Na guerra que estava prestes a eclodir, eles usariam o tal raio para matar todo mundo – é o que se comentava por lá.

"Ha, ha...", eu replicava, "mal posso esperar! Vocês alemães são tão *diligentes* – sempre tão metidos!"

Bem, mas isso é apenas o pano de fundo.

Eu também sabia que a baronesa De Meyer havia sido tratada de um câncer pelo dr. Hoven. Mas ele não a curou; ela acabou morrendo e foi cremada. E o irmão mais novo de Hoven era um rapaz *dégagé* [liberado] que fora ator em Berlim no início dos anos 30. Ele tinha um Mercedes conversível de dois lugares, um enorme pastor alemão branco, e usava camiseta e boina basca. Era o representante perfeito do que há de mais *dégagé* na Riviera – Deauville, Biarritz, Monte Carlo –, essa coisa toda.

Claro que ele estava morrendo de tédio ali. E claro que as únicas pessoas interessantes na *Kurhaus* eram Reed e eu. E, naturalmente, toda noite ele nos convidava para jantar. Reed, porém, sempre arrumava uma desculpa.

"Ele é horroroso!", dizia. "Por que você quer passar uma noite com alguém assim?"

"Tem algo de cativante nele", eu respondia. "No mínimo, a gente fica sabendo mais sobre o mundo do cinema em Berlim – por que não?"

Seja como for, uma noite aceitamos o convite. Fomos até essa ruazinha e era como um subúrbio americano – com um toque de Floresta Negra, talvez, mas não muito diferente. Todas aquelas casas idênticas.

"Isso está ficando cada vez mais excitante", comentou Reed. "Se essa é a sua ideia de uma noitada..."

Aí entramos no chalezinho. Nos acomodamos e, sendo americanos, tínhamos de beber martínis – pelo menos, é o que imaginava o rapaz. Bem, para ele o martíni era um copo de vermute quente com um pouco de gim – e uma cereja dentro. Reed, o maior esnobe do mundo em se tratando de martínis, não sabia o que fazer com o dele. E eu, que jamais havia bebido outra coisa além de uma taça de vinho renano, tampouco tinha a menor ideia do que fazer com o *meu*. Mesmo assim, me esforcei para manter a conversa, pois, para dizer a verdade, estava um pouco emocionada com o rapaz, todo alvoroçado por nossa causa, contando isso e aquilo, e *aí* ele disse: "Vocês gostariam de conhecer o resto da casa?".

Então... ele abriu as portas duplas...

E entramos em um imenso salão secreto, com lambris brancos e belíssimos biombos chineses e móveis estofados com seda branca – e que *qualidade* de seda! Aquilo tudo era o mais chique de Paris naquele exato *momento*.

"Acho que é o salão mais bonito que já vi – esse modo como a luz entra e essa iluminação. Diga uma coisa", perguntei, "foi a [Maison] Jansen que decorou essa sala, não foi?"

"É verdade, foram eles."

Então vi uma comprida mesa laqueada no meio da sala e, sobre ela, fotos do rei Edward e da rainha Alexandra, com aquelas maravilhosas assinaturas régias – você sabe, "1911" e todo o resto. Eu estava começando a entender. *Aí*... o rapaz apontou para uma cômoda maravilhosa, sobre a qual havia uma belíssima urna grega.

"E ali...", disse ele, "estão as cinzas da baronesa."

"Ó", exclamei, "mas isso tudo é *muito interessante*. Então você divide essa casa" – ele vinha dizendo "minha" casa, por isso tive de falar em "dividir" – "com o barão De Meyer?"

"É isso, mas ele foi para a Califórnia. Não conseguia mais suportar isso."

Não podia acreditar no que estava ouvindo. Aparentemente, quando Olga morreu, De Meyer havia ficado histérico, mandado trazer tudo de Paris e convocado a Jansen até aquela pequena cidade universitária... Quero dizer, Freiburg é uma cidadezinha graciosa, mas não é nenhuma Monte Carlo, por exemplo.

Vamos dar uma página dupla para a requintada Olga.

E vamos colocar um pouco do texto, também. As pessoas esquecem que De Meyer também era escritor. Este texto é uma *orgia*:

> *Permitam-me relembrá-los de algumas modas de 1904. A aterrorizante cintura de dezessete polegadas. Os espartilhos frontais retos. A saia balouçante em forma de sino. A massa pesada de cabelo e (como coroamento glorioso) o chapéu rodado de abas largas.*
>
> *"Dessas modas", nos conta Iris, "não tenho a menor ideia. Eu nem sequer havia nascido em 1904!"*
>
> *Violet, porém, indaga se as saias curtas, as meias em tom da pele e os minúsculos chapéus atuais vão acabar sendo vistos como "absurdos" daqui a vinte e cinco anos, em 1954.*
>
> *"Dificilmente", digo a ela, "pois só o que é exagerado quando em voga torna-se grotesco depois que deixa de existir. O ano de 1929, pelo contrário, deverá ser lembrado por suas modas lógicas e adaptadas tanto para o trabalho como para o prazer, assim como pela retomada de estilos mais femininos, expressos frivolamente na rotundidade, nos babados e nos debruns."*
>
> *O pôr do sol havia sido perfeitamente glorioso.*
>
> *Devido à noite de gala mais tarde no clube, as damas...*

Vamos deixar bem assim – sem começo, fim ou *sentido*... mas é divertido. É tão esnobe. Tão *incrivelmente* datado... e, *sabe?*, já era absurdo *naquela época*.

Não há por que ter medo do esnobismo e do absurdo. E também não precisamos ter medo do luxo – não há nenhuma imagem de pobreza *neste* livro!

BARÃO DE MEYER
"Frescos e adoráveis são o vestido de verão e a echarpe de Molyneux, de chintz cru estampado com motivos florais e ramagens verdes", anos 20.

MAN RAY
"Man Ray deixa de lado seus pincéis em Hollywood e retoma por um instante seu ofício anterior, a fotografia, nesse estupendo estudo de rosto feminino para a Edição de Beleza da *Harper's Bazaar*", 1942.

MAN RAY
Estudo de moda, 1935.

Você não faz ideia do que é trabalhar *só* com fotógrafos como eu fiz. Durante todos esses anos lidando com fotógrafos de moda, minha reputação entre eles era a de que não dava a mínima para as fotos – somente para as imagens. Nunca me interessei apenas por uma boa foto. Gosto de ter uma perspectiva. Sem perspectiva, não há imagem. É isso o que sempre me pareceu fascinante nas imagens dos paparazzi. Eles captam algo não premeditado, em pleno voo... eles capturam essa *coisa*. É um desvendamento da personalidade.

Hoje todo mundo está enlouquecido com essa história de celebridade. Daí a notoriedade dos paparazzi. As pessoas não conseguem deixar de ficar fascinadas pelos outros.

Durante anos, não conseguia me cansar da Callas. Essa é uma foto dela feita por um paparazzi que colei num quadro em minha sala de trabalho. É sensacional! Essa imagem, para mim, *é* a Callas.

Eu a conheci – de passagem. Num dia de Ação de Graças, convidei cinco ou seis pessoas para o almoço, gente que não tinha para onde ir – europeus e outros assim. Aí um amigo me ligou.

"Diane, *chère*", disse, "posso levar a Maria? Acho que vocês deveriam se conhecer. Sei que ela não tem nada acertado e, como amigo mais antigo dela, não quero que fique sozinha no dia de Ação de Graças. Tudo bem se eu a levar comigo?"

"Claro que sim", respondi, "nem precisava perguntar."

E então ela veio – a maior atriz do mundo. Vestia roupas pretas de Milão; o cabelo, preso num rabo de cavalo, era grosso *assim*, de verdade; suas maneiras eram impecáveis; ela era muito, muito intensa emocionalmente; tornava tudo muito *explícito* em termos emocionais – ela era tudo o que se poderia esperar da Callas. Aí nos sentamos à mesa. E de repente... o véu caiu. Ela se mostrou de uma vulgaridade atroz. Eu não fazia ideia de que alguém pudesse ser tão *ordinaire* e ainda saber usar garfo e faca.

No palco, porém, era a artista mais extraordinária que *jamais* conheci na vida – em *toda* a minha vida. Certa vez fomos vê-la em *La traviata*. Estávamos na segunda fileira. Lembro dos bulevares e das toalhas de mesa e das multidões passando, e dos homens e mulheres conversando, os homens falando de negócios, e as mulheres conversando umas com as outras sobre *mmm*... roupas – e no meio disso tudo de repente se ouve o coro. *E aí*... a multidão se aquieta, um homem e uma mulher estão sentados a uma mesa, e ela se volta para o público e surge uma *nota*...

ANÔNIMO/AP
Maria Callas, 1958.

Ela mal abriu a garganta. Mas o que eu queria dizer é que um décimo de segundo depois eu estava completamente encharcada, completamente mesmo – não tinha nada a ver com soluçar ou chorar. Foi um choque. Era eletricidade total. Eu havia me preparado para ouvir a cantora mais dramática do mundo, mas aquilo... e santo deus, quando morreu, ela estava bem morta. Nunca vi uma cena de morte como aquela. No palco, ela não tinha nada de *gauche*. Ela era única. E olha que essa é uma palavra que quase nunca uso.

ERIO PICCAGLIANI
Maria Callas, 1949.

ANÔNIMO/AP
Maria Callas e um oficial de justiça, 1954

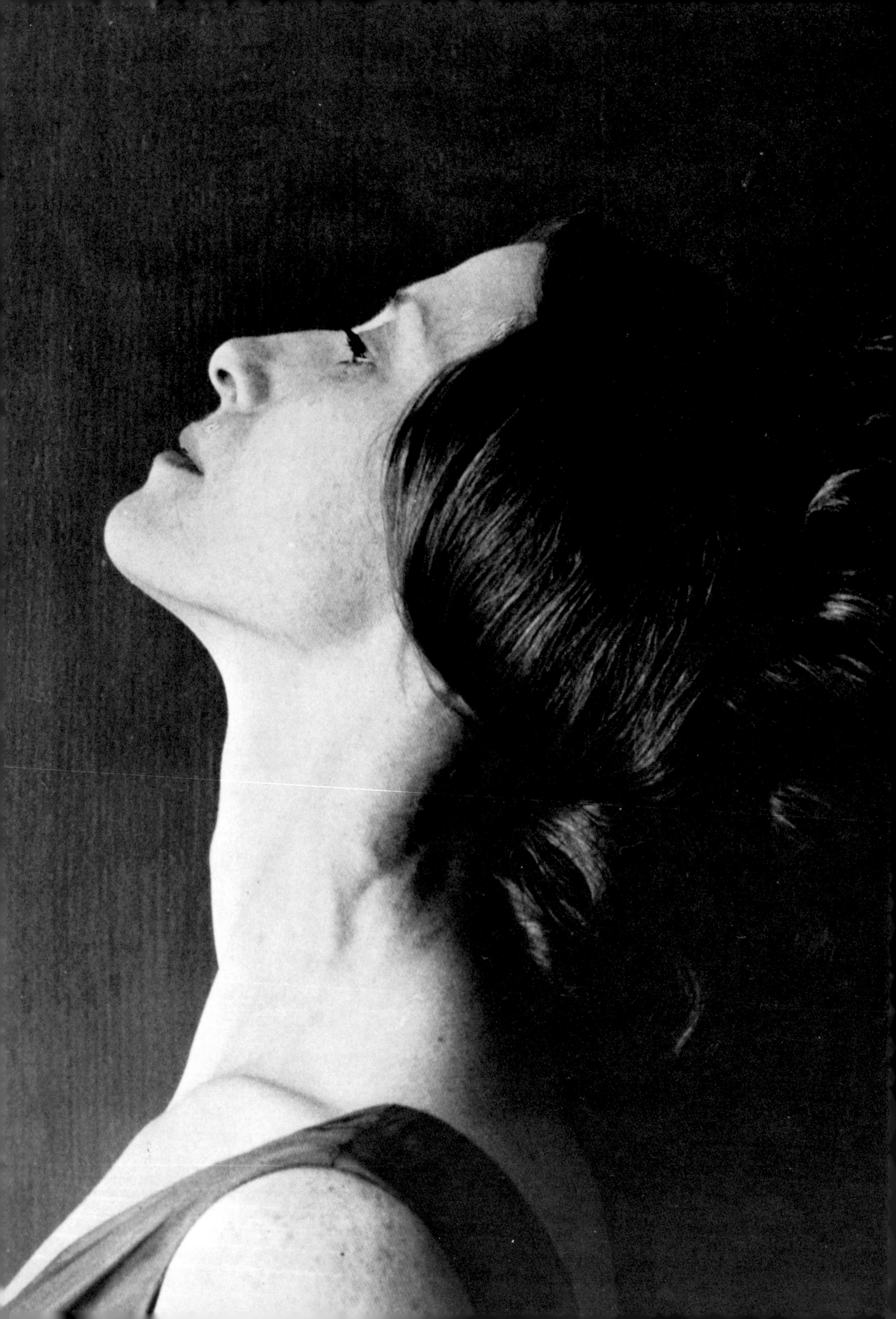

Você acha que as pessoas crescem diante da objetiva de uma câmera? É o que me parece. Creio que há algo especificamente *sexual* nisso.

Eu me lembro da primeira temporada do Bolshoi em Nova York. Fomos à estreia e *vimos*... a Plisetskaia. Nunca tinha ouvido falar dela. Você se dá conta de que o nome dela mal aparecia no programa? Com certeza não era a bailarina principal. Os soviéticos deviam estar morrendo de medo de que ela fugisse assim que desembarcasse e que teriam de se apresentar sem uma estrela, por isso não lhe deram nenhum destaque. Porém, assim que subiu a cortina – lembro muito bem, era um balé chamado *A flor de pedra* [de Prokofiev], no qual ela fazia "A Amante da Montanha de Cobre" – e ela apareceu – eu jamais vira uma bailarina fazer aquilo. Nenhuma bailarina se apresenta como Plisetskaia. Ela surgia na ponta dos pés e esse *rosto* – nada mais do que o rosto – *atravessava* o palco inteiro... e, num alento só, a plateia toda se levantava e *urrava*! *Urrava!*

A partir daquele instante, ela se tornou para mim a maior bailarina do mundo. Ela domina a *Terra*! Claro que no mesmo instante me ocorreu que tínhamos de conseguir uma foto dela.

Na manhã seguinte, liguei para [o empresário] Sol Hurok. "Ó, senhor Hurok", eu disse, "não tem um jeito de a gente fazer umas fotos dela?"

"Mas ela é tímida demais", respondeu ele. "Não fala uma palavra de inglês e está muito assustada. Acho que não vai dar."

"Puxa, senhor Hurok..."

De um jeito ou de outro, com a minha insistência junto ao querido sr. Hurok, ligando de hora em hora, dia após dia, ela acabou aceitando posar para Dick Avedon – logo depois de sua última apresentação.

Dick jamais a vira e nunca tinha ouvido falar dela. Além disso, era o dia do seu aniversário e alguém organizara uma festa. Ele não tinha o menor interesse nela. E, claro, *ela* não tinha o menor interesse *nele*. Era impossível.

Voltei a telefonar para Dick. "Você me liga no meio da noite – *para quê?*", disse. "O que há com você? Nem morto vou deixar a minha festa de aniversário!"

SIR CECIL BEATON
Maya Plisetskaia, 1964.

"Isso não faz a menor diferença", repliquei, "você vai sair sim e vai fazer essa foto. Vou até o estúdio e ficar esperando com os rapazes. Quando ela estiver pronta, eu ligo e aí você vem."

Por volta das duas e meia da manhã ele saiu do elevador. Nunca tinha visto alguém tão furioso. "Bem", disse ele, "como ela está?"

"Está *exausta*, Dick", eu disse, "e muito assustada, por isso é melhor que você seja simpático. Ela não tem a menor ideia do que está fazendo aqui. E veio com um intérprete que traduz do ucraniano para o polonês ou o moldávio... não sei bem *o quê*. Parece que ele é conhecido nos cafundós, mas não sabe *nada* de inglês."

Aí nós entramos. Ela é muito polida, evidentemente, e se levanta, tremendo, olhando para Dick...

"Dê a ela toda a maquiagem que tem aí e vamos acabar logo com isso!", Dick berrou para mim.

Então abri as gavetas – todas maravilhosas, repletas de batons em pequenas ranhuras de madeira –, peguei vários batons e disse a ela: "Esses são para *você*. Todos, todos esses... *tudo* isso é para você."

"Para *mim*?" – na verdade ela não disse "para mim", mas o equivalente em russo. Ninguém traduziu.

Ela era bastante estranha para nós, e nós éramos *muito* estranhos para ela.

Então... ela viu os rapazes montando as luzes. Aí começou a entender. Ela tinha uma plateia. Ela estava no palco.

Então... por acaso – é uma dessas coisas que a gente faz sem pensar – eu tinha levado para lá um casaco de pele de lobo. Achei que poderíamos usá-lo na foto. Assim que *viu* o casaco, ela o *agarrou* e o *vestiu*... e foi para *fora* – diante das *luzes*!

Ela teria ficado lá até a tarde seguinte. Ela era magnífica. Era *absolutamente extraordinária*! Ela era *exatamente*... bem, você pode imaginar. Ela simplesmente *representou*! Você sabe do que estou falando.

RICHARD AVEDON
Maya Plisetskaia, 1950.

MARTIN MUNKACSI
Greta Garbo em férias, 1932.

Se você tivesse conhecido a [Greta] Garbo, se tivesse participado de um jantar com ela, o que significa que não seriam mais do que três a cinco pessoas no máximo... mas chega de tripudiar. Quero falar é sobre a maneira como ela mantém a boca quando está falando com você. Não consigo explicar direito o que ela faz. Se conseguisse *dizer* o que é, *eu mesma* poderia fazer.

DURDOGNON/ RAPHO
Greta Garbo, anos 40.

ANÔNIMO
Greta Garbo e repórteres, anos 30

ANÔNIMO/ VOGUE
"Tudo se resume ao modo como Greta Garbo cortou o cabelo – com franja de menino e parte da orelha à mostra, o resto envolto num lenço...", 1971.

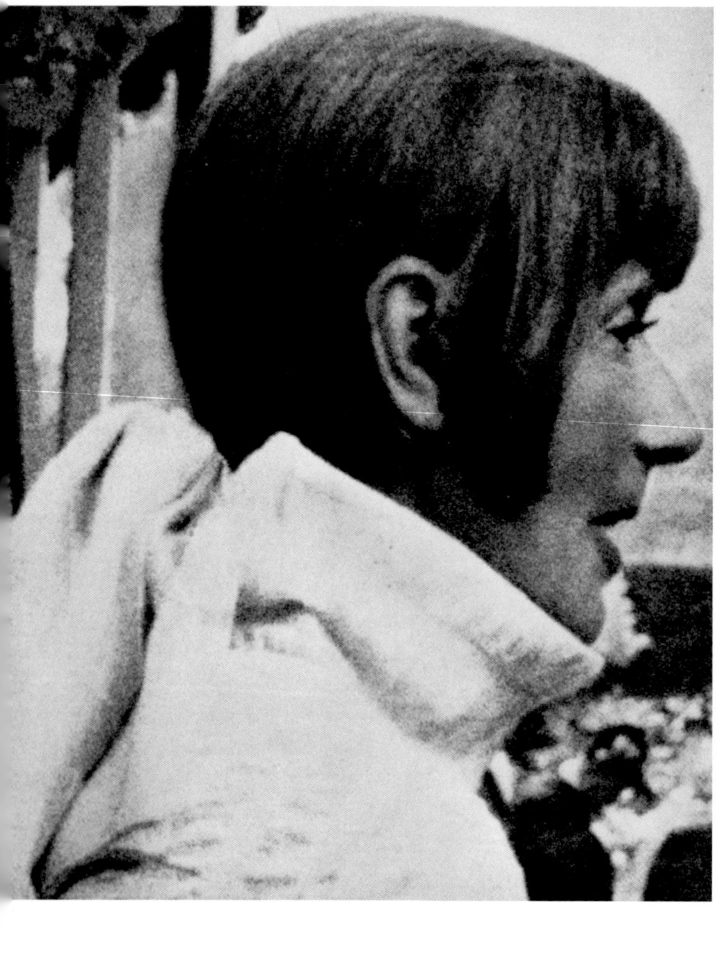

ANÔNIMO/ GAMMA
Greta Garbo, anos 60.

LP

ANÔNIMO
O rei George V e a rainha Mary, 1925.

Desde quando eu venho examinando imagens? Mil novecentos e onze? Claro que muito já caiu no esquecimento. No entanto há coisas de que me lembro bem...

Note a perfeição nessa foto! Veja como essas linhas são retas! Cada cavalo e seu condutor – eram chamados de postilhões – está emparelhado com todos os outros cavalos e condutores – e tenho certeza de que os homens marchando ao lado dos cavalos – os batedores – têm exatamente a mesma altura, provavelmente um e oitenta e cinco, ou oitenta e oito. Acho essencial a gente usar termos como "postilhões" e "batedores" porque estamos lidando com uma linguagem. Sempre faço questão de empregar termos técnicos quando são glamourosos. E tudo o que tem a ver com cavalos precisa ser completamente técnico e glamouroso.

Por que não podemos ter hoje a mesma precisão e o mesmo desenho perfeito? Ainda resta um pouco disso no exército, na marinha, na igreja – e na realeza. Essa é uma das coisas de que me recordo.

Não quero soar como alguém que ainda lembra de 1911 com tanta clareza. Mas é evidente que as lembranças da nossa infância continuam sendo as mais vívidas. E eu nasci em Paris numa época extraordinária. Acompanhei todo o início deste século.

Lembro de ter sido mandada de Paris a Londres para ver a coroação de George V. Agora me dou conta de que vi tudo na época.

ANÔNIMO
ILLUSTRATED LONDON NEWS
"Suas altezas reais retornam ao palácio", 1911.

páginas seguintes
ANÔNIMO
Desfile da coroação de George V, 1911.

ROYAL

RANCE BUILDINGS
ROYAL INSURANCE BUILDINGS
JOURNAL
YACHTING

BARÃO DE MEYER
Nijinsky em A tarde de um fauno, 1912.

Eu me lembro de ver Nijinski dançando todos os papéis...

BARÃO DE MEYER
As bacantes, em A tarde de um fauno *(detalhe)*, 1912.

IRA T. HILL
"Irene Castle imita Madame Butterfly", 1922.

Eu me lembro dos [dançarinos Vernon e Irene] Castle dançando o *bunny hug* e o *banana split*. Também me lembro do *castle walk*, que era muito, muito, muito, mas *muito* acelerado, assim como do *turkey trot*, o *turkey trot*, o turkey trot...

Depois... quando minha família mudou de Paris para Nova York, descobri o [teatro de revista] *Ziegfeld Follies*! Era um espetáculo... e que *splendeur* [esplendor]! Ziegfeld era um mago que também tinha perfeito senso de desenho. Ele criou uma *linguagem*.

Lembro-me perfeitamente das garotas. Dolores era a maior delas – uma vedete à maneira gótica inglesa. Ela ganhava muito bem só para caminhar através do palco – enquanto o público entrava em delírio. Era um andar estupendo, isso eu posso garantir – com uma fluidez e uma graça inacreditáveis. Tudo o que sei sobre como andar vem de observar as vedetes de Ziegfeld. Acho que aprendi mais com o *Ziegfeld Follies*... do que com qualquer outra coisa – com exceção da coroação de George V.

Ah... *splendeur*! Que falta isso nos faz!

BARÃO DE MEYER
"Dolores – personificando o Espírito da Vaidade na mais recente versão de *Folia à meia-noite*, de Ziegfeld, em Nova York", 1919.

MAINBOCHER—JAY THO

MRS. ERNEST SIMPSON, THE MOST FAMOUS AMERICAN IN LONDON, WEARS A CHINESE DINNER DRES

Eu sofro de astigmatismo, como El Greco

Nem por um instante quero me comparar a El Greco, mas apenas ressaltar que ambos temos a mesma deficiência física. Em parte devido a essa deficiência, ele via coisas invisíveis para a maioria das pessoas. Eu enxergo todo tipo de coisas que você não vê. Vejo as jovens e o modo como os seus pés resvalam no meio-fio quando estão para atravessar a rua, esperando abrir o semáforo, com o vento soprando nos cabelos maravilhosos e os olhos cansados...

Às vezes, na época em que trabalhava em revista, examinando milhares e milhares de fotos, dia após dia, ano após ano, vi coisas muito belas. A relva cor-de-rosa, por exemplo, e o céu esverdeado, e o mar rubro quando meus olhos deparavam com determinada luz. Não há dúvida de que os pintores da Provença também viam coisas assim, embora soubessem, tão bem quanto você e eu, que nenhum mar é vermelho. E isso acontecia porque conseguiam juntar um ato da imaginação a uma realidade física.

Para mim, essa foto da duquesa de Windsor lembra um quadro de Ticiano. Por acaso, sei que ela *odiava* essa foto. Ela não conseguia suportar o passado.

Nessa imagem, porém, ela me parece alguém entrevendo o *futuro*.

MAN RAY
Mrs. Ernest Simpson, 1936.

EDWARD STEICHEN
Princesa Yusupov, 1924.

Agora chegamos a *les Russes*. Não há nada mais belo do que uma bela russa.

Elas vinham da intelectualidade, e não da corte – o pai de Iya Abdy era um tremendo ator dramático que chegou a ser conhecido de uma extremidade a outra da Rússia. Uma noite ele era Boris Godunov, na seguinte, Ivã o Terrível, e viajava em carroções ao lado de papagaios, leopardos, guepardos e tigres... assim é que Iya foi criada.

A princesa Yusupov era originária das fileiras supremas da distinção e da aristocracia. Como você deve saber, o marido dela foi um dos responsáveis pela morte de Rasputin.

MAN RAY
Lady Abdy, anos 20.

EDWARD STEICHEN
"Livre como o ar, sem peias na cor e no desenho, o espírito moderno encontra expressão legítima tanto nesses modelos modernistas como em qualquer tela de pintura", 1925.

Não há nada mais aborrecido do que o narcisismo – a tragédia de ser apenas... eu. Qualquer um de nós é capaz disso. E todos conhecemos exemplos de narcisismo – todos belas tragédias. Muitos desses exemplos são, é claro, de modelos. As modelos costumam ser divinas – ou as jovens mais enfadonhas do mundo.

As modelos de Poiret, que aparecem nas fotos feitas em 1911 por Steichen, estão na categoria de divinas. Note o *tamanho* dessas meninas. Deus meu, como as mulheres eram grandes naquela época – eram como cavalos Percheron entrando no picadeiro!

Embora não fosse modelo, a duquesa de Gramont sem dúvida tinha *estatura*. É uma questão de altivez e *força* interna. Eu sempre parava para examiná-la – mas em revistas. Aí, durante a Segunda Guerra, ela veio para Nova York com o filho e viramos grandes amigas. Agora ela volta a me assombrar. Sua sobrinha-neta mudou para cá e passou a trabalhar comigo no museu – Claudia Ruspoli é a *cara* de sua tia-avó – uma italiana estridente, mas com muita classe.

Está tudo nos ossos. Ambas têm ossos largos no rosto, o que é a coisa mais fotogênica em uma mulher. Veja a Callas, veja a Garbo, veja a Wallis, duquesa de Windsor – todas têm ossos grandes e cabeças grandes. Não é exatamente "bonito"– não há nada tão divino quanto uma cabeça pequena, como a das orientais –, mas sem a *menor* dúvida é fotogênico. Essas jovens chegaram ao auge depois que a câmera foi inventada.

Vamos colocar a duquesa ao lado das modelos de Deborah Turbeville. Isso vai nos levar para longe do tempo e do espaço – ainda que sejam todas damas *dégagées*. Curiosamente, as fotos de Turbeville me lembram acima de tudo as de Steichen.

E claro que as fotos de Steichen refletem com perfeição o período do Ballet Russe, que é a única vanguarda que *eu* conheci. Na época, tudo tinha a ver com a *linha*. Todo mundo tinha esse senso apurado da linha. Bakst tinha isso, assim como Poiret – embora, na minha opinião, cada qual tenha chegado lá de forma independente. Era algo que estava no ar. Não se esqueça, o mundo era então um lugar muito pequeno.

MAN RAY
Vestido de Poiret, em sua residência, ao lado de uma escultura de Brancusi, anos 20.

páginas seguintes
EDWARD STEICHEN
Modelos no ateliê de Poiret, 1911.
Byzance, Battick, Negus, Pompon.

A vanguarda, claro, é algo que faz muita falta hoje – todo mundo sabe disso. Mas eu *adoro* as meninas da Turbeville. Essas jovens exaustas que recebem mil dólares por dia – elas me *matam*! Não sabemos quem são, onde estão, ou por que estão onde estão, ou são o que são... mas as silhuetas são belíssimas.

Não pensamos sobre isso. As jovens continuam a se fitar no espelho... o que parece ótimo *para mim*. Odeio o narcisismo, mas vejo com *bons olhos* a vaidade.

EDWARD STEICHEN
Duquesa de Gramont, 1926.

DEBORAH TURBEVILLE
Vestido Givenchy, 1977.

DEBORAH TURBEVILLE
Vestidos Sonia Rykiel, 1977.

páginas seguintes
DEBORAH TURBEVILLE
Sem título, 1977.

SIR CECIL BEATON
Princesa Berar, anos 40.

A princesa de Berar, é filha do último califa do Império Otomano, é o que se poderia chamar de realeza menor – mas não há nada de tacanho *nela*. Ela é *muito* inteligente e tem uma aparência extraordinária. Quando você a vê usando essas joias inusitadas, *absolutamente* exageradas, pensa, de modo literal, que um *elefante* acabou de entrar no salão.

Esse nariz me deixa alucinada. Um nariz desprovido de força é um espetáculo *lamentável*. É uma das críticas que se pode fazer hoje a alguém. Se você nasce com um nariz pequeno demais, a única coisa que lhe resta é querer *aumentá-lo*.

SIR CECIL BEATON
Princesa Berar, 1966.

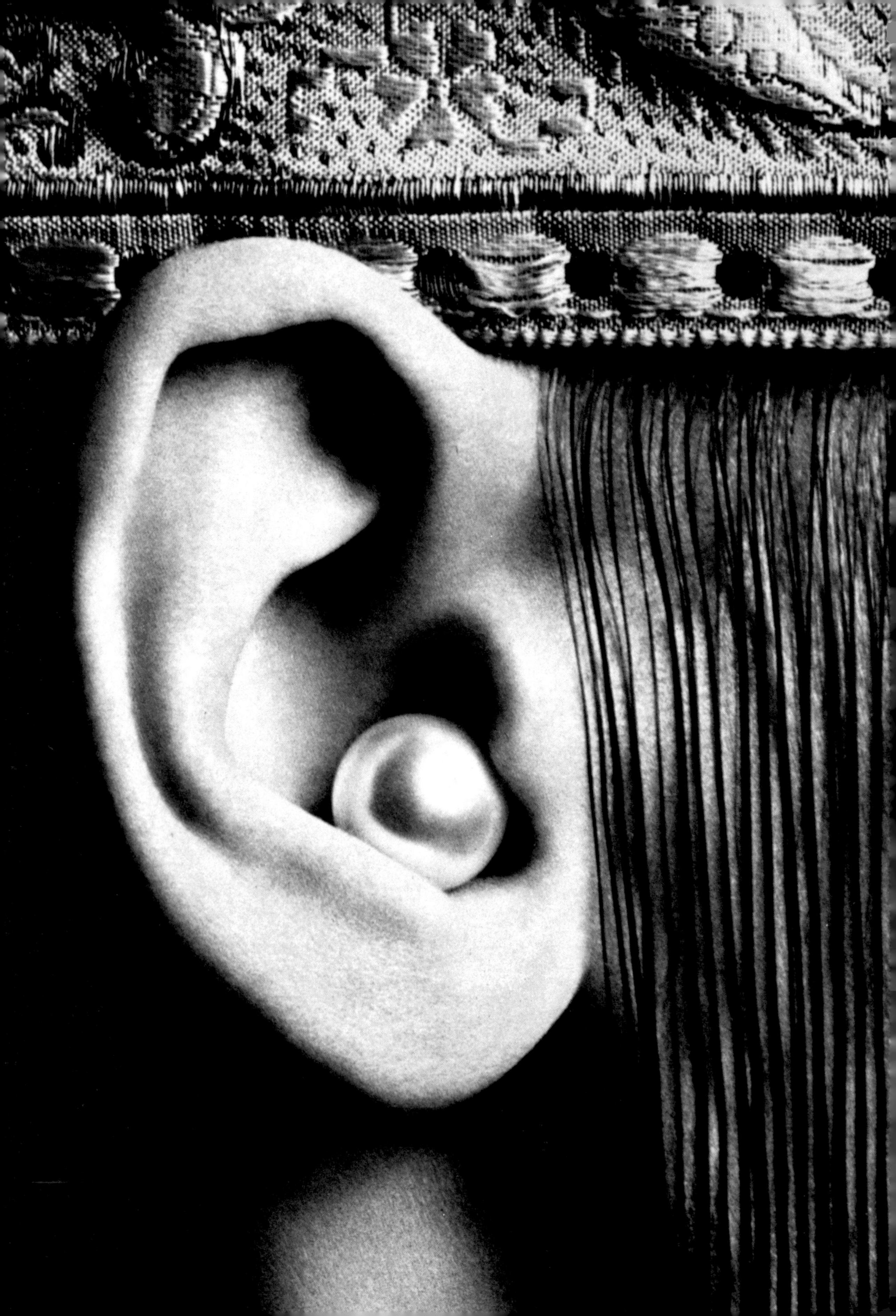

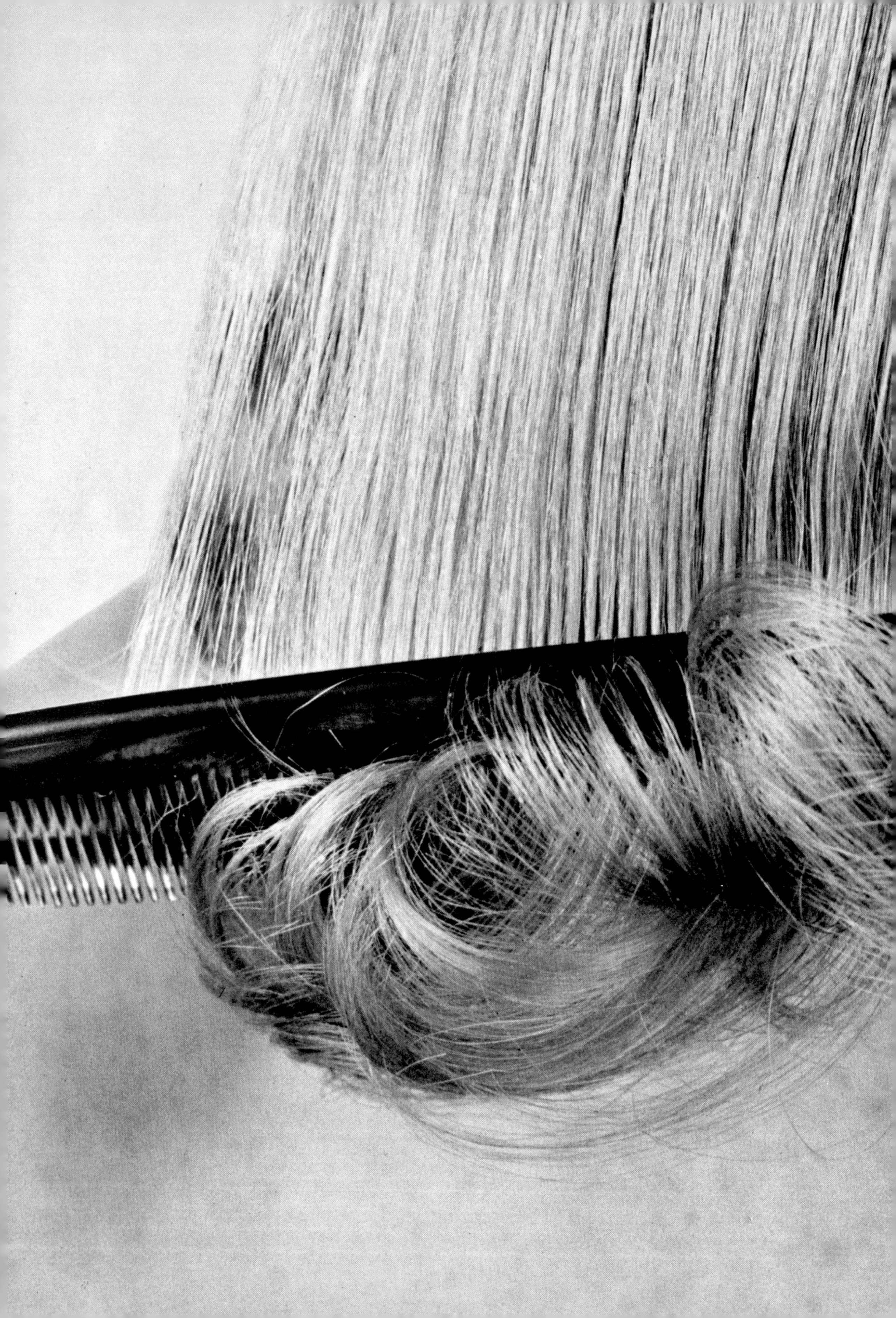

páginas anteriores
RICHARD AVEDON
"Mistérios de uma beldade", 1966.

IRVING PENN
"Alto luxo sob o sol alto", 1965.

Veja a *textura* desse cabelo, os *poros* na pele da gueixa... não creio que um fotógrafo de arte consiga fazer close-ups. Só os paparazzi conseguem isso – eles e Irving Penn.

Anos atrás, eu estava passando pelas salas de exposição um tanto sombrias do museu quando avistei alguém muito familiar examinando os dedos dos meus manequins de louça de Zurique. Era Penn.

"Conta para mim, Penn", comentei, "como você pode se *rebaixar* a esse ponto, descendo aqui no porão do Metropolitan para ver essa porcaria?"

"Mas Diana", replicou ele, "onde você conseguiu essas meninas? Se você as tivesse me apresentado trinta anos atrás, hoje a minha vida seria outra."

Sabe, ele nunca conseguiu *suportar* as modelos – as garotas vivas, quero dizer. Elas estavam sempre ligando para os namorados e saindo para tomar café e sempre usando roupas exíguas – era a década de 60.

"Dá para fazer essas meninas vestirem *alguma coisa* – pelo menos entre as sessões?", ele costumava dizer. "Estou cansado de vê-las peladas, correndo de um lado para outro!"

"Mas é a época", dizia eu, "e a gente tem de se adaptar aos novos tempos."

Então encontro Penn no porão escurecido do museu, *namorando* os manequins de louça. "Esses dedos", diz ele, "esses dedos, esses dedos... tão imóveis! Estou apaixonado."

IRVING PENN
"Loiríssima", 1959.

páginas seguintes
IRVING PENN
A gueixa, 1970.
A gueixa, 1970.
A gueixa, 1970.
A gueixa, 1970.

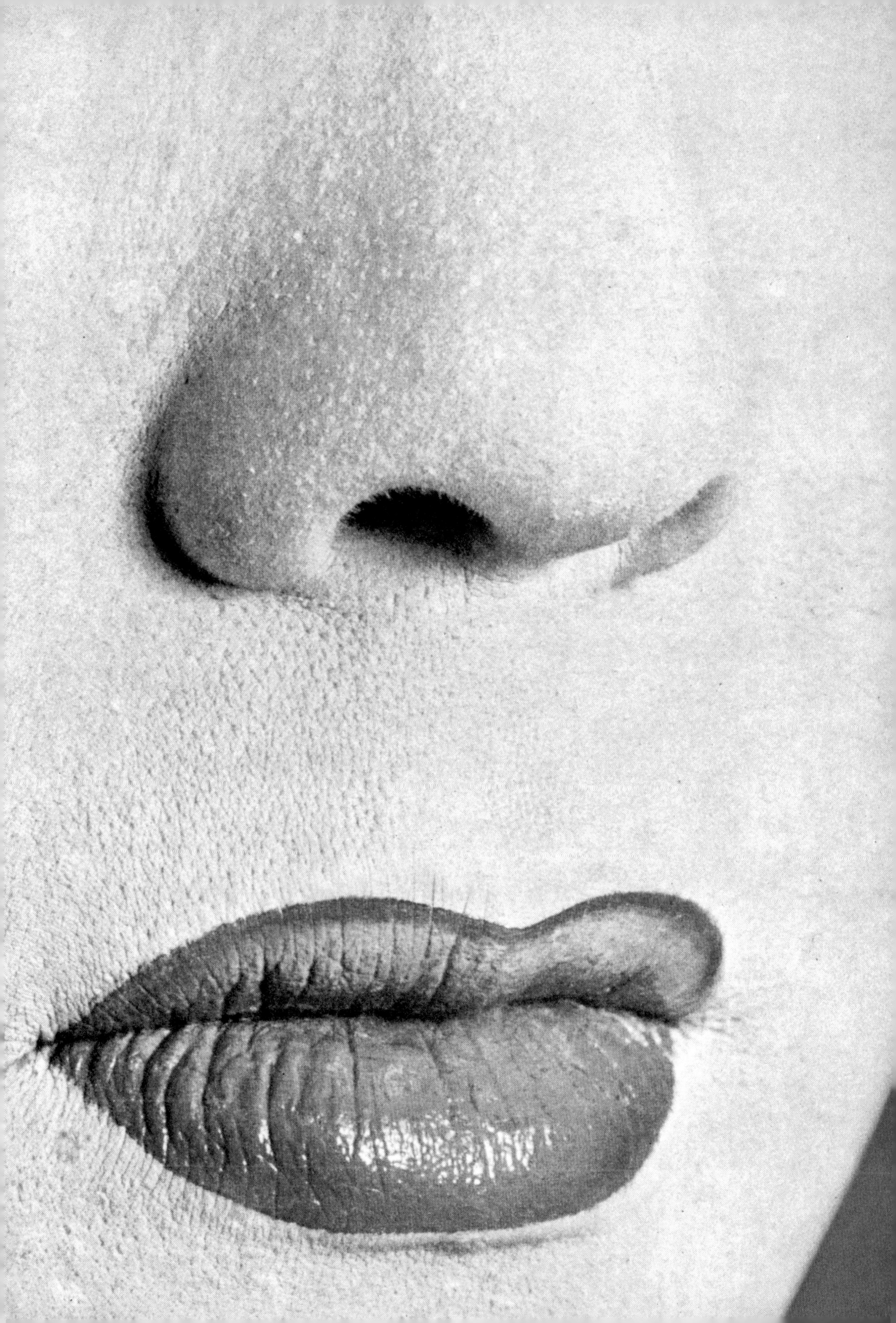

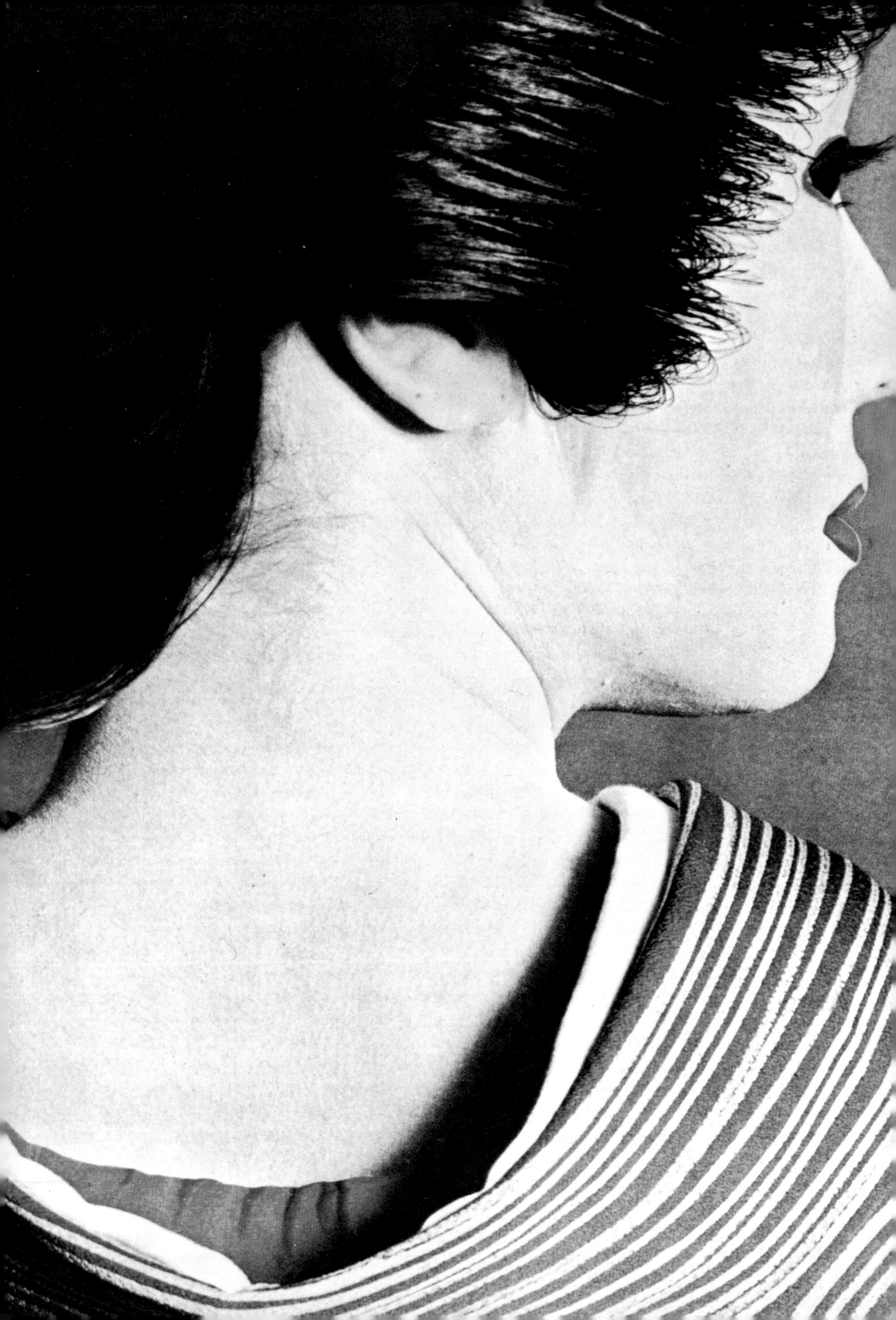

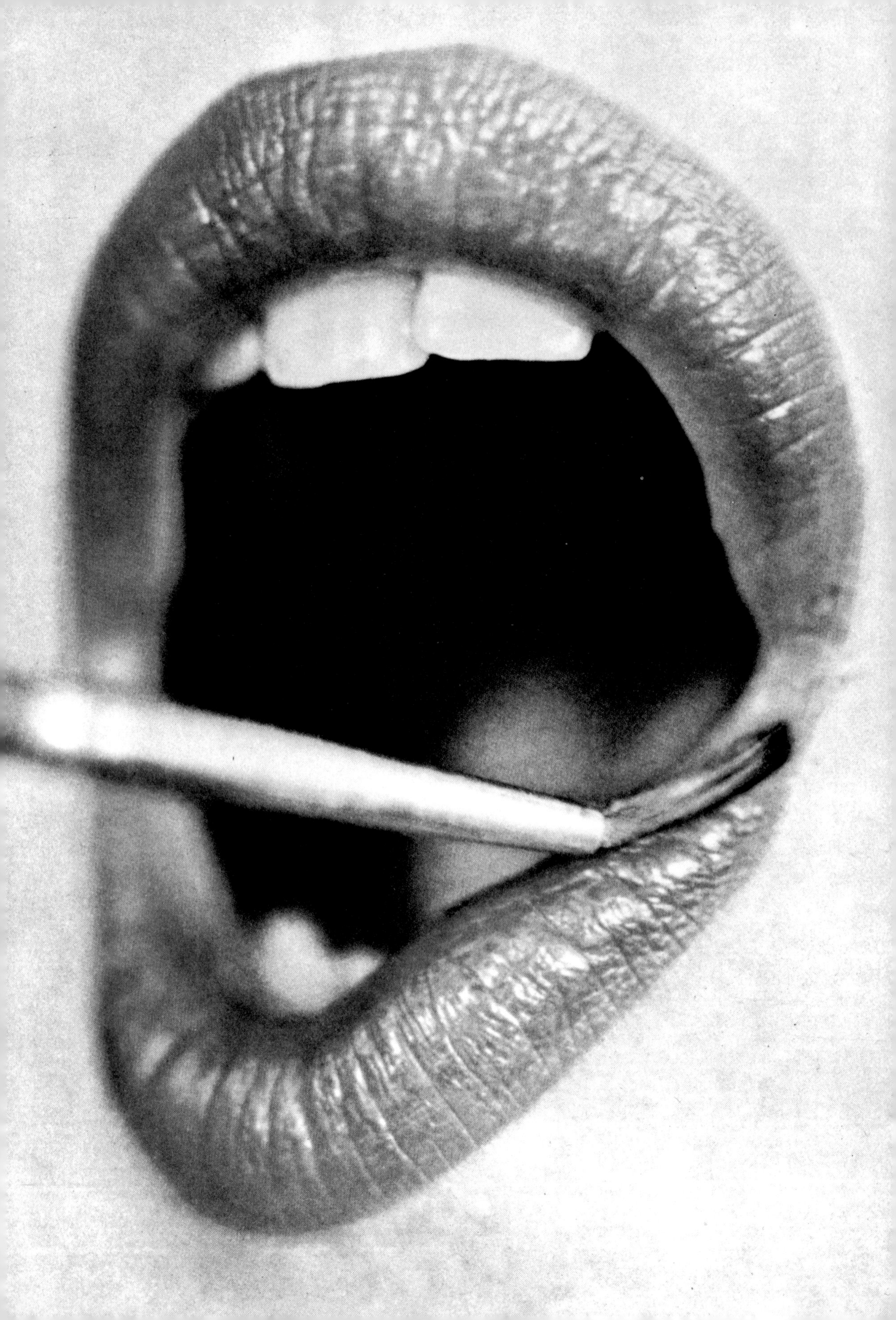

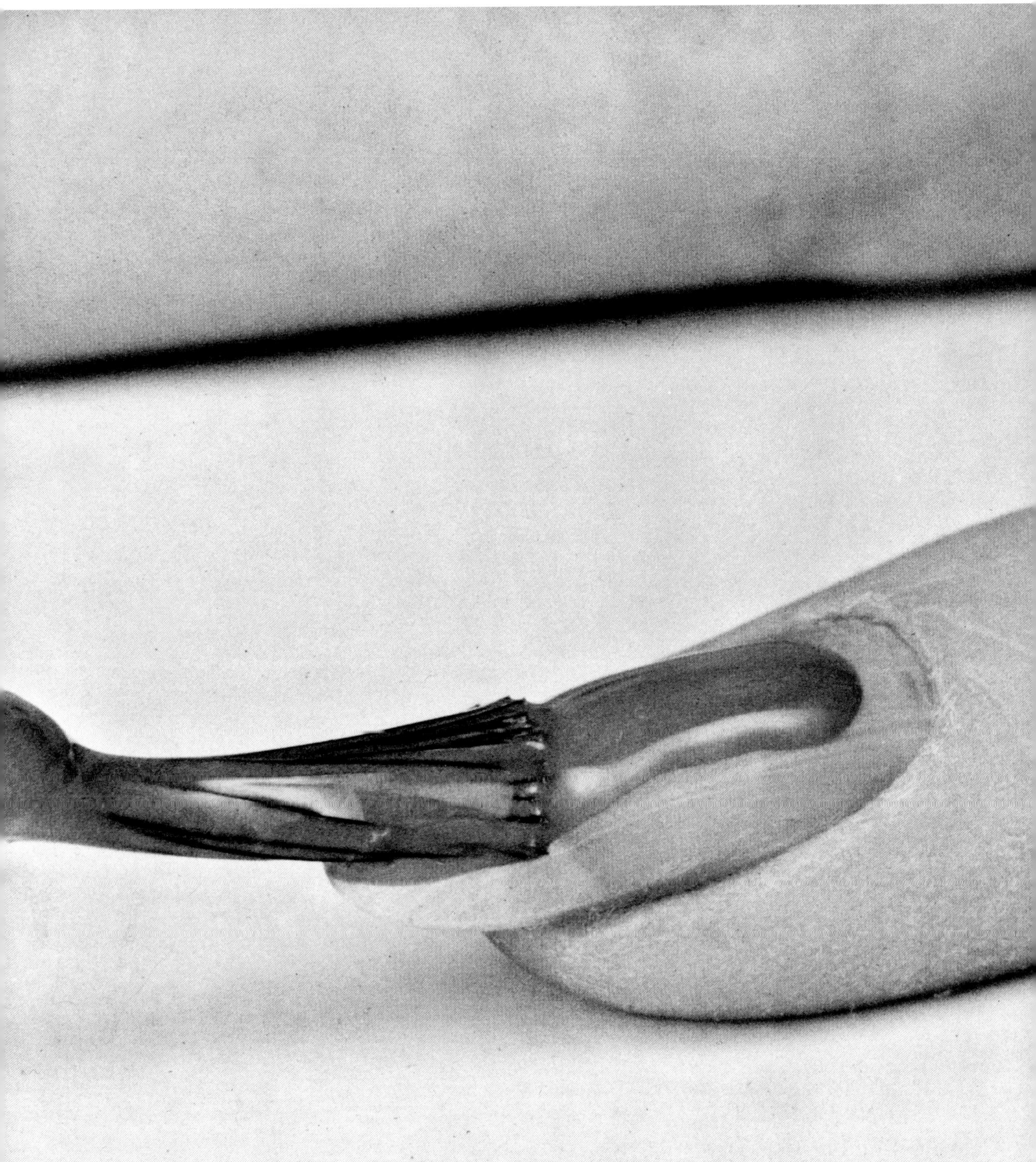

IRVING PENN
"Bem de perto: unhas mais rosadas e como fazer para que brilhem naturalmente", 1959.

IRVING PENN
"Bem de perto: como os lábios podem ficar 'naturalmente' rosados e com vivacidade mercurial", 1959.

GEORGE HOYNINGEN-HUENE
Preto e branco, 1929.

Aqui a Riviera descobre a fotografia, e a fotografia descobre a Riviera. É um grande passo para fora dos ateliês parisienses. Após uma noite no Train Bleu, elas desembarcam no sul e percebem que a vida existe. Tem a ver com a sensação de sal e ar e espaço aberto... o mar sem fim e o céu... um céu maravilhoso.

GEORGE HOYNINGEN-HUENE
Moda de praia, 1928.

GEORGE HOYNINGEN-HUENE
Modelos em trampolim, 1927.

GEORGE HOYNINGEN-HUENE
"Trajes de banho listrados são elegantes por vários motivos", 1929.

GEORGE HOYNINGEN-HUENE
Madame Georges Auric, c. 1930.

MARTIN MUNKACSI
"Correndo à beira-mar", 1933.

páginas seguintes
IRVING PENN
"Capuz de pelo de macaco", 1965.

RICHARD AVEDON
"A bela bárbara", 1962.

LE GRANDI ILLUSIONI: L'AMO

Roma. Anna Maria Moneta Caglio a Trinità dei Monti in una fotografia scattata durante i «tempi felici».

CARONE/PARIS MATCH
Anna Magnani, 1949.

Este é um riso que *raramente* se vê no mundo – todas as barreiras caíram! Que se dane *o mundo*!

Há a loucura que só os loucos conhecem, e há o riso que só os italianos conhecem. Essa é a contribuição dos italianos para o mundo.

ANÔNIMO/ EPOCA
Anna Caglio, 1954.

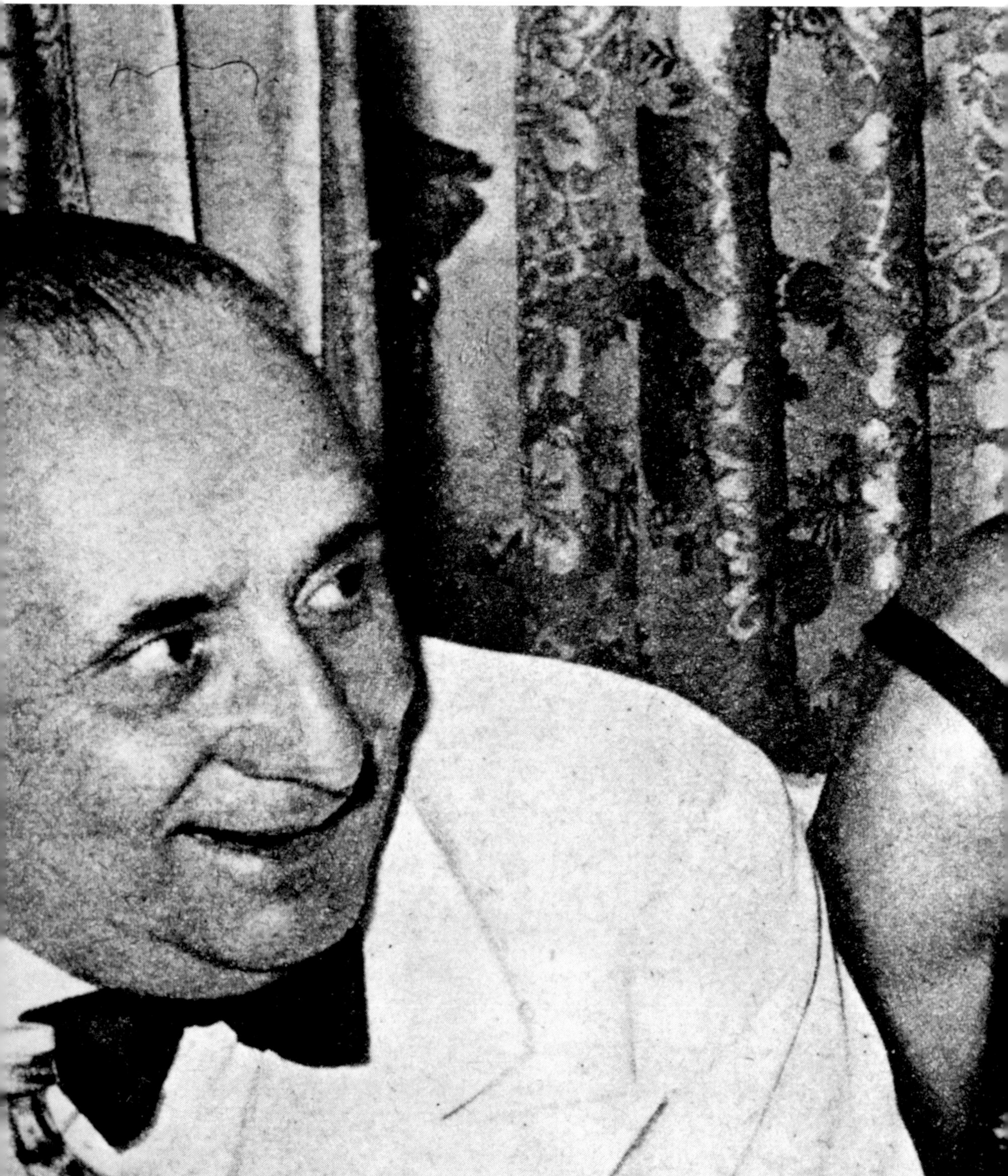

ANÔNIMO/ EUROPEO
Giovanni Meneghini, Maria Callas e Elsa Maxwell, 1957.

ANÔNIMO
Elsa Maxwell, 1949.

Elsa Maxwell não era nada vulgar. Por que digo isso? É que ela *parecia* vulgar. O nariz era vulgar. Ou seja, você vê uma foto como essa, em que ela está nas pedras em Antibes, e se lembra de uma cozinheira em seu dia de folga... mas evidentemente, sem a menor dúvida, ela acabou de jantar com um rei – sempre com os reis!

Por que não era vulgar? Não havia ninguém com gosto tão requintado por pessoas. Ela não tinha medo de nada – nem da pobreza. E adorava a música. O amor da música é um grande depurador e, para ela, a música era tão clara quanto água cristalina. Lembro de jantarmos juntas em sua pequena casa em Montmartre logo depois de o piano e os móveis terem sido levados embora – a esse ponto havia chegado a sua penúria. Você imagina que ela cantou uma ópera *inteira* para nós, marcando o ritmo naquelas coxas grandes e gordas?

Ela era notável. Ela *deu* algo a eles! Reuniu os exaustos e desanimados europeus em suas salas – uma senhora gorda de San Francisco com muito senso de humor. Pode acreditar, seria muito bom que tivéssemos gente assim *hoje*.

ANÔNIMO/AGIP
Elsa Maxwell acompanhando Maria Callas, 1957.

GEORGE HOYNINGEN-HUENE
Elsa Maxwell veste Patou, anos 30.

Eu me lembro que Reed sempre comentava a respeito de Elsa: "O mais fabuloso em Elsa é que os seus vestidos são de Patou". Ela tirava aquelas jaquetas – expondo uma *enorme* montanha de gordura – e ali estava a etiqueta: "Jean Patou".

ANÔNIMO/ A. P.
Elsa Maxwell consola Maria Callas, 1957.

ANÔNIMO
Afonso XIII, c. 1900.

Ah, essas estranhas recordações...

Agora, o que me intriga mesmo é o seguinte: como as *Dolly Sisters* foram parar em *Le Dieu Bleu* [O deus azul]? Como você sabe, *Le Dieu Bleu* foi um fiasco total – e levou Diaghilev à ruína. No entanto, por alguma razão misteriosa, as Dolly Sisters decidiram ir ao Casino de Paris vestidas como os Pequenos Deuses daquele fiasco total, *Le Dieu Bleu*. Não me pergunte por quê – mas é bom lembrar que Paris era uma cidade muito pequena na época.

Vamos colocar as Dolly Sisters ao lado do querido Afonso – não há nenhum motivo especial. Gosto assim. Essa vai ser a nossa página dupla mais *peculiar*.

J.-H. LARTIGUE
As Dolly Sisters vestidas de Pequenos Deuses em O deus azul, de Diaghilev, anos 20.

GEORGE PLATT LYNES
"Srta. Barbara Cushing [Babe Paley] com paletó de flanela azul-cinzento de Paquin e chapéu de feltro Dobbs", 1937.

Pierrô parisiense

Herói da alta sociedade

A rue de la Paix

Se curva à tua vontade...

Ah, o modo como Gertie Lawrence cantava essa música... não é essa a coisa mais tocante do mundo?

Odeio a expressão "alta sociedade". Mas, quando *eu* a uso, não tem nada a ver com esnobismo. Na verdade, não é nem mesmo da alta sociedade que estou falando. Quero dizer, aqui temos Gertie Lawrence ao lado de Babe Paley...

EDWARD STEICHEN
"*Mignonette and Maiden-Glow*: uma das personagens mais atraentes do teatro de revista de André Charlot em Londres é Gertrude [Gertie] Lawrence como pierrô parisiense", 1923.

GEORGE HOYNINGEN-HUENE
Marquesa de Jaucourt, 1932.

BARÃO DE MEYER
"Srta. Ina Claire – impressão sutil de certa elegância", 1921.

páginas seguintes
SIR CECIL BEATON
Sua Excelência a Senhora Reginald Fellowes, anos 20.

SIR CECIL BEATON
Sua Excelência a Senhora Reginald Fellowes, anos 20.

SIR CECIL BEATON
Sua Excelência a Senhora Reginald Fellowes, anos 20.

... eis aí uma marquesa argentina ao lado de Ina Claire, do *The Golddiggers*... ou seja, juntamos vários continentes e várias *coisas*. Não tem nada a ver com esnobismo – e sim com a aparência delas, com o que elas *são*.

Elas não são modelos. São *femmes du monde* e é assim que se pareciam. Houve uma época em que todas as mulheres se inspiravam em mulheres como a marquesa de Jaucourt. Ela era bem mais velha do que eu e mais sofisticada, e ao mesmo tempo argentina e francesa – não dava para superar essa mescla na época –, e era o padrão. Nos dias atuais não existe uma mulher assim.

Coloque isso em "alta sociedade". E também é aí que vamos colocar Daisy Fellowes, por falta de termo melhor. Há um comentário terrivelmente chique, "Alguém disse ao Diabo: adoro o seu estilo" – bem, essa era a Daisy. Ela tinha a elegância dos malditos. Quando falo dela, penso naqueles olhos extraordinários, nas bochechas roliças, na vivacidade e no brilho do rosto... e que *rosto*!

E quando falo de Babe Paley, também não é por esnobismo ou sentimentalismo. O que me interessa é a *silhueta* do seu *nariz*.

Talvez você esteja se perguntando "O que *De Gaulle* está fazendo aqui?" É muito simples: para mim, De Gaulle *era* a França. Ele tinha a dicção mais bela – aprendida, sem dúvida, com a Comédie Française – e um rosto *totalmente* francês. Com isso chegamos à contribuição da França para o mundo.

Estamos falando da Comédie Française. E estamos falando do riso das belas e jovens donzelas da França, das bolhas do champanhe francês... você sabe, tudo aquilo que já se disse do teatro de variedades francês.

Josephine Baker era para mim a *quintessência* do teatro de variedades francês, ela era a *perfeita* parisiense – mesmo sendo, como você bem sabe, a filha de uma lavadeira de St. Louis. E para mim a França sempre teve a cara de Mistinguett – "os olhos que choram e a boca que sorri".

Cécile Sorel *era* a Comédie Française. Todos os diamantes que ostentava eram dela – aquelas *maravilhosas* aigrettes, aves-do-paraíso e incríveis marquesas de diamantes como borrifos de água... ela me inspirou demais. E quando, no auge da glória, não mais conseguia viver com os salários baixos da Comédie Française – pois teve de se desfazer de tudo para resgatar o marido, preso por dívidas –, ela foi se apresentar no Casino de Paris. Drian [Etienne Adrien] fez os cenários – todos em azul-celeste, com nuvens em movimento, fontes jorrando e uma enorme escadaria que literalmente ocupava meio quarteirão. Conta-se que, quando ensaiava, Sorel sabia que tinha de descer a escadaria, enfrentando a exaltação do público nos camarotes mais altos. Por isso aprendeu a descer a escada tocando a parte de trás da sapatilha em cada degrau, com jamais despregar os olhos do público. Aí, quando chegava lá embaixo, dizia: *"Ai-je bien descendu?"* [Desci direito?].

Na época, todo mundo em Paris conhecia essa história. Mas sei de outra história de Sorel que ninguém conhece.

Aconteceu em Aix, durante a Guerra, na praça da cidade. Jean-Pierre Aumont, que me contou a história, estava por lá, uniformizado, e apressado para ir de A a B, encarregado de alguma missão pelo velho De Gaulle. Aí avistou uma mulher de cabelo encaracolado, vestida com lençóis de algodão – e nada mais –, representando um trecho *maravilhoso* de Molière no mais impecável francês clássico. Era Sorel – atuando não como uma louca, mas como uma grande atriz.

"Ah, Jean-Pierre!", disse ela – ele encenou todo o encontro para mim quando veio a Nova York depois da Guerra – *"viens ici! Mon petit pigeon, mon petit chou... viens ici!"* ["venha para cá! Meu pombinho, meu querido... venha para cá!"].

ZALEWSKI/RAPHO
O general Charles de Gaulle na Áustria após a libertação da França, 1945.

ANÔNIMO
Mistinguett, anos 20.

GEORGE HOYNINGEN-HUENE
Josephine Baker, anos 20.

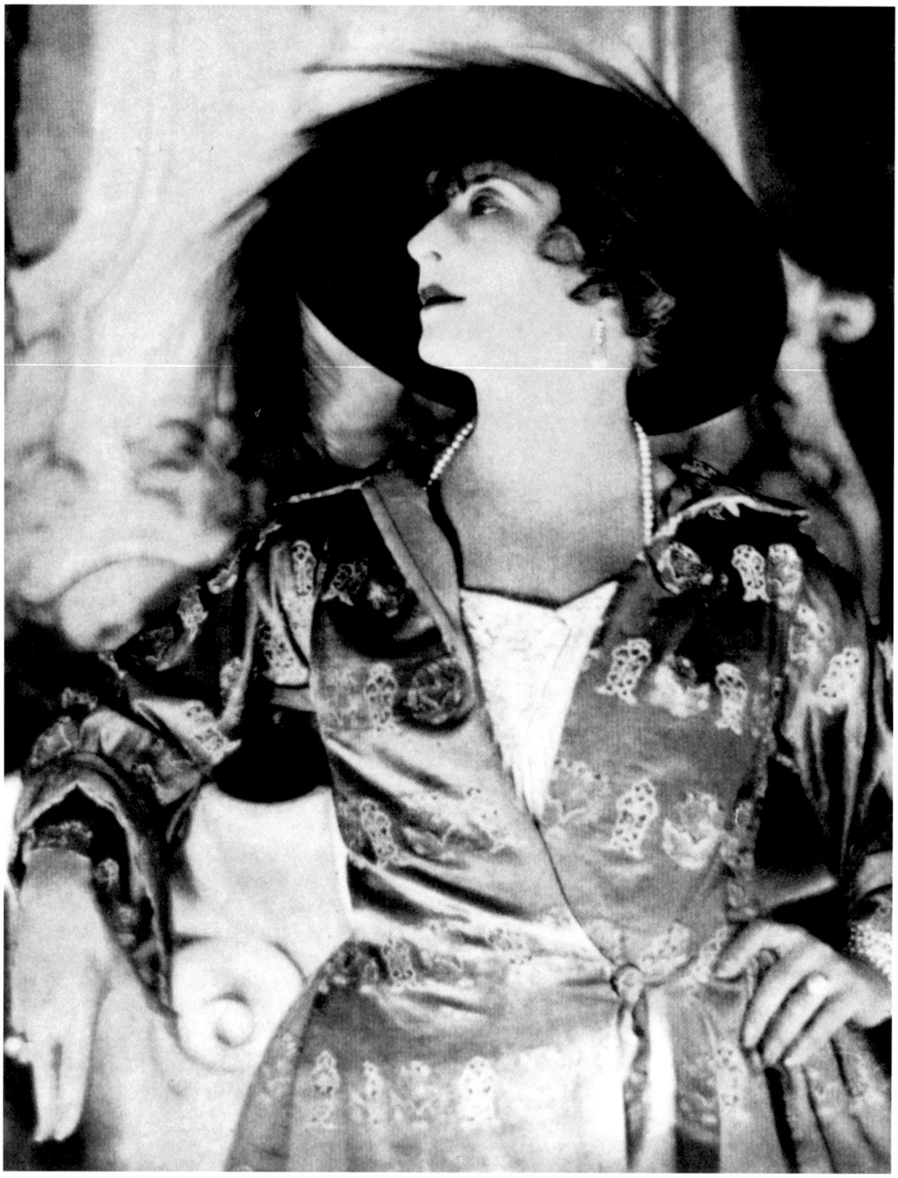

BARÃO DE MEYER
"Cécile Sorel da Comédie Française", 1921.

Tudo isso me voltou à lembrança quando vi essa foto de Cécile Sorel no espaço, com seu jeito adorável... quando topo com uma imagem assim, ou com uma foto de Sarah Bernhardt, gostaria apenas de dizer o seguinte: "Ela se dirigia às pessoas porque adorava falar a língua e dizer o que queria, da maneira que achava melhor. E todos a ouviam porque a linguagem dela era de uma beleza assombrosa".

GEORGE HOYNINGEN-HUENE
Cécile Sorel, anos 30.

Sabe que vi Sarah Bernhardt no palco? Quando eu era jovem em Nova York, todo mundo ia ao teatro. Era para os nova-iorquinos – não para gente de fora com despesas pagas pela firma – e sempre que havia algo interessante ou belo, eu costumava ir. Também vi a Duse. Ela me parecia imensamente aborrecida – a lenda das mãos belíssimas era um tédio. Mas fui arrebatada pela excitação e a força dramática de Bernhardt.

Durante anos eu *sonhei* que era a Bernhardt. Ou a Salomé ou alguma beldade polonesa... Eu era terrivelmente dramática. Quero dizer, nunca *deixei* de ser a Bernhardt.

Quando pequena, tudo o que me importava era representar, e ainda hoje é tudo o que me importa. Jamais vou ao teatro para ver uma grande peça, e sim para ver um grande *intérprete*. Tudo é interpretação. Acho que os astros são o que nos resta. Escolhemos uma estrela, seguimos uma estrela... podemos abandonar essa estrela amanhã, mas hoje, sem ela, não conseguiríamos nada. Essa coisa de obra coletiva não é para mim!

Há uma foto que jamais vamos encontrar e que daria tudo para ver de novo.

Era da minha mãe. Não foi feita por nenhum fotógrafo profissional, mas por um médico famoso, George Curtis, que era obcecado por aposentos escuros, iluminados por uma única lâmpada. Daqui a pouco falo sobre a foto, mas antes é preciso que eu apresente a cena.

Quando criança, tive um problema no ouvido e acabei sendo tratada pelo dr. Curtis, de quem eu *morria* de medo. Era assim: você abria uma porta e descia dois lances de escada até uma sala preta *totalmente* escura – exceto por *uma única* lâmpada. Ele vestia um avental branco e *mal* se notava quando ele chegava. Tudo o que eu via eram os reflexos espelhados em torno de seus olhos.

Era um bruto. Ele me agarrava pelo cabelo e dizia: "Cale a boca, pestinha!"– ao mesmo tempo que escarafunchava o meu ouvido enquanto eu *berrava*... mas o que interessa aqui é que ele era obcecado por aquele quarto escuro – e iluminado só por uma lâmpada.

ARNOLD GENTHE
Sarah Bernhardt em San Francisco, 1904.

ANÔNIMO/ EPOCA
"Capitã", espiã francesa na Primeira Guerra, anos 1910.

A foto que o dr. Curtis fez da minha mãe parecia *um pouco* com essa imagem da espiã: ela estava com um vestido preto de seda e luvas pretas de pelica compridas que, como você sabe, ficam ligeiramente enrugadas e são muito brilhantes; além disso, usava um topete pompadour escuro e um enorme chapéu preto com longas penas, também pretas. E estava posando em um quarto preto – tudo era preto, com exceção de *uma única* lâmpada atrás de sua cabeça. A luz formava uma silhueta, era tudo o que se via, mas ao mesmo tempo dava para ver tudo, pois a seda refletia pontos brilhantes, assim como a pelica... era quase como um raio X, entende? Essa foi a primeira imagem que me causou uma impressão muito forte. Claro que continua sendo a mais vívida, mesmo que não a tenha visto faz tanto tempo.

A sala, a foto... tudo isso me ocorreu quando pensava em Sarah Bernhardt, e vou contar o motivo. Um dia eu estava sentada naquela sala, como sempre sendo torturada, quando chamaram o dr. Curtis.

"Madame Bernhardt está ao telefone", disse a enfermeira. "Quer que o senhor dê uma passada no teatro para cuidar de sua garganta antes de ela entrar em cena."

"Diga a ela que não vou a nenhum lugar para tratar de ninguém!", replicou ele para a enfermeira. "Eles é que devem vir me ver aqui!"

A enfermeira saiu e voltou logo depois: "Madame Bernhardt gostaria de falar com o senhor pessoalmente".

"Mas eu não falo com ninguém quando estou tratando de outros pacientes!", disse ele, enquanto escarafunchava meu ouvido e me *matava* de dor...

Aí... a enfermeira voltou outra vez. "Madame Bernhardt continua na linha", disse ela. "Ela me pediu para lembrá-lo... que só tem uma perna."

Não me lembro se ele disse, "Maldição! Está bem, eu vou!", ou... depois desse tempo todo, não me lembro mais, portanto isso vai ter de servir de final. Como você bem sabe, os detalhes finais de qualquer história nunca são muito satisfatórios.

SIR CECIL BEATON
Lady Mendl, anos 40.

HORST P. HORST
Baronesa Pauline de Rothschild, 1969.

HORST P. HORST
Barão Nicolas de Gunzburg, anos 30.

CARL VAN VECHTEN
Gloria Vanderbilt, 1958.

SIR CECIL BEATON
Marjorie Wilson, anos 40.

BARÃO DE MEYER
Herbert Asquith, 1922.

JARNOUX/PARIS MATCH
Eva Perón veste Dior, anos 40.

Eva Perón no leito de morte tem a ver com emoções humanas, certa beleza peculiar e estranha... ela era como uma efígie de moeda. Essa imagem não tem nada a ver com os paparazzi. Ela é de tal modo preparada – tão completamente *política*, com esse obtuso retrato de Perón na cabeceira... Mesmo no leito de morte ela estava maquiada – para as câmeras, para mantê-lo no poder.

Um amigo meu sentou ao lado dela em um almoço, logo após a audiência com o papa, e ela estava com uma medonha maquiagem para televisão, e ele não se conteve e perguntou: "Minha cara senhora, qual o motivo dessa maquiagem?".

"Estou pouco ligando para a sua opinião ou a de qualquer outro", respondeu ela. "Na tela, vinte milhões de pessoas vão me achar de uma beleza dilacerante e estrondosa. Isso é para o meu marido!"

Só o que importava era que fosse *bem fotografada*.

ANÔNIMO/AGIP
Eva Perón no leito de morte, 1952.

Por que você não usa iluminação fotográfica em casa?

Nunca vou esquecer de David Bailey quando ele foi ao meu apartamento para fazer uma entrevista que seria incluída em um programa da BBC sobre Sir Cecil Beaton. Todo tipo de gente muito distinta – parlamentares, escritores, jornalistas e assim por diante – havia sido entrevistada, e Bailey me pediu que convencesse Truman Capote, a quem ele não conhecia, a participar também, o que afinal consegui.

A equipe de filmagem chegou e começou a instalar as luzes. Yvonne, minha empregada, ficou nas nuvens. Ela tinha 85 pessoas da equipe para alimentar, o que devia ser a fantasia dela de um domingo perfeito. Mandou vir sanduíches para eles, mandou vir cerveja... na manhã seguinte, somente duas caixinhas Fabergé estavam faltando. Mas, como eu disse a Bailey, quando ele me ligou para se desculpar, não fazia diferença, pois havia coisas demais em casa. E eu jamais vi o apartamento tão bonito como naquele dia. Mais parecia o *interior* de um rubi.

Truman, naturalmente, foi logo ocupando o melhor lugar.

"Dá para sair dessa cadeira?", eu disse a ele. "Estou sentada aí!"

"Tudo bem..." Mas não tirou o chapéu.

Aí Bailey começou: "Senhor Capote, o que acha de Sir Cecil Beaton?".

"Bem... vindo da classe média inglesa, convenhamos que é um tanto surpreendente ver essa flor tão exótica." E continuou nesse tom.

Até que não me contive. "Tenha paciência, Truman", disse, "isso é o fim da picada! Cecil sempre foi um ótimo amigo. Você não pode dizer coisas assim. Você tem de dizer algo de bom sobre Cecil e sair um pouco do holofote."

Truman bocejou. "Ó, meu Deus... que vida mais besta, não é?"

O incrível é que, ao editar o filme, Bailey manteve todos os comentários de Truman, de tão brilhantes que eram.

Agora, ainda que Cecil tenha vindo da classe média, não havia um pingo de classe média em seu corpo. Mesmo assim, Truman apontou para algo importante e é preciso dar um nome a isso. É uma forma de querer ser. Todos nós queremos ser algo. A gente é, e a gente quer ser. E como é que se consegue isso?

Cecil contava com a sua câmera. Era algo ainda melhor do que o privilégio de um médico, que sempre considerei quase ideal, pois não pressupõe nada do tipo "é preciso que a gente se conheça melhor". Na verdade,

Cecil podia ligar para qualquer pessoa no mundo. Claro que não para os membros da realeza – afinal, eles não atendem o telefone –, mas nesse caso *eles* é que ligavam para ele. *Todo mundo* queria conhecer essa figura extraordinária e ser fotografado por ela.

Sem dúvida, a câmera faz grande parte do trabalho, a neurose faz outra parte, o sol muda, a luz muda... a vida muda. Ainda estou buscando uma palavra...

As fotos de Cecil são *opalescentes* – têm essa qualidade que emana de uma opala, a sensação de se estar *dentro* de uma opala.

Anos atrás, montaram uma exposição das fotos dele aqui na cidade. Era um sábado, dali a cinco minutos a galeria fecharia e estavam me esperando para identificar umas coisas. Então eu liguei para lá e perguntei se podiam ficar abertos mais cinco minutos.

"Não precisa correr", disse o rapaz. "Venha quando puder." Quando cheguei, eu disse: "São *divinas* essas imagens, não são? Quero dizer, Cecil é isso e aquilo...".

O rapaz esperou até que eu tivesse desabafado e disse: "Agora preciso de sua ajuda. Estou apaixonado. Por que estou fascinado por essa garota?".

Era uma imagem na parede, entende? Mas ela estava tão viva, era tão voluptuosa, que dava vontade de morder aquela *bochecha*. Era uma foto de [Mary] Mimsie Taylor. Não há nenhum jovem no mundo que não fique apaixonado por ela. E não há nenhuma garota no mundo que não queira se parecer com ela, *mesmo hoje*.

Mimsie era uma figura exótica. Acho que tinha quinze anos na época dessa foto. O médico havia dito que só lhe restava um ano de vida e recomendou à família que deixassem ela fazer o que quisesse. Por isso permitiram que fosse modelo. E ter um apartamento próprio, o que na época era inconcebível até mesmo para jovens de 21 anos. E ela saía *muito*! Era a queridinha da cidade.

Bem, depois ficou boa. Hoje está casada e feliz e vive na Califórnia.

Natasha Paley também era exótica. Era sobrinha do tsar e tinha quinze anos quando saiu da Rússia. Até conhecer Leningrado, nunca consegui acreditar que ela e a irmã, acompanhadas da governanta, haviam caminhado até a Finlândia em uma noite sem luar. Aquilo me parecia uma prova de resistência impossível de suportar. Mas, claro, aí vi que a fronteira ficava bem do outro lado da baía. Onde havia um barco para levá-las a Paris, e em Paris elas tinham dinheiro, e ali esperaram pela mãe, que havia ficado para trás, na expectativa de que o pai delas fosse libertado. A mãe havia recebido um recado do carcereiro dizendo que o marido logo estaria pronto para sair. Ela foi correndo até a prisão, e claro que ele estava morto. Eles o haviam baleado "por engano" naquela mesma manhã. Ele foi o primeiro grão-duque a ser executado. Então a mãe de Natasha enviou o filho pequeno para ficar com o primo, o *tsarevitch*, que tinha a mesma idade, e seguiu para Paris a fim de cuidar das filhas. Ela achava que o menino estaria seguro. No fim, ele acabou sendo morto, como o resto da família do tsar.

Natasha ainda guarda em sua cabeceira um minúsculo retrato dele – uma dessas fotos patéticas que você guarda de alguém que morreu, porque jamais pensou em juntar fotos de um irmão de nove anos quando você tem quinze.

Esse é só o pano de fundo. Mas acho que dá para notar isso na foto que Cecil fez de Natasha. Ela tem uma nobreza e uma tristeza extraordinárias.

Cecil era afetado por tudo e tudo era afetado por ele. Mas sempre foi um fotógrafo de instantâneos. "Vamos bater umas chapas, querida", costumava dizer, "só quero tirar umas fotos."

Ele nunca se preocupava com a técnica. Sempre trabalhava como *amateur* – no sentido francês da palavra –, que é a única maneira de trabalhar que conheço. Ainda me lembro de uma das primeiras vezes em que o vi, no começo dos anos 30, em Londres. Estava sentada no estúdio de Cecil com alguém importante que ele estava fotografando – não me lembro quem era – quando Condé Nast chegou. Cecil meio que foi *desse jeito* para o lado e a câmera de repente fez um barulho tão alto que o pobre homem achou que estava sendo *alvejado.*

Condé olhou para mim... para você ver, ele não fazia ideia de que as fotos enviadas por Cecil através do oceano, para a *Vogue* em Nova York, tinham sido feitas com aquela pequena Brownie já enferrujada depois de anos sendo levada à praia por babás e tudo isso.

Aí... houve *outro* disparo e o homem quase cai da cadeira. Então Condé diz: "Cecil, tenho certeza de que a foto ficou ótima. Mas *será* que você aceitaria de presente uma câmera melhor?".

(Ele mencionou um nome que não consigo lembrar. Não guardo os nomes das câmeras. Nunca olhei por um pedaço de vidro polido, nem mesmo fiz fotos de meus filhos quando eram pequenos na praia... que se dane! Gosto mesmo é do *resultado*.)

O fim da história é o seguinte: Cecil não tinha a *menor* intenção de se separar de sua velha Brownie. Ele achava que todo o seu *sucesso* dependia dela. Era como um ator com o seu roupão velho e ensebado – ele jamais se desfaz dele!

Depois... também lembro de quando Cecil me fotografou na década de 50, no meu apartamento. Ele adorava a empregada que eu tinha na época, a Edith, que era galesa e se entendia muito bem com o Beaton. Ele chegou impecavelmente vestido – depois iria a um almoço muito elegante. Sem tirar o chapéu, entregou as luvas e disse: "Por favor, Edith, segure isso um instante".

Ele faz uma foto. Aí faz outra. Dispara de novo. Outra vez. E outra. E outra. Por fim diz: "Então, Edith, você vai sair hoje à tarde?"

"Vou sim, senhor Beaton, vou dar uma volta e depois tenho de fazer algumas coisas para madame."

"Então você poderia me fazer um favor e deixar a câmera no Sherry-Netherland?"

E... foi embora – o cavalheiro perfeito, impecável, rumo ao seu almoço. Ele havia se empenhado tanto como... bem, como se não tivesse feito nada.

páginas seguintes

SIR CECIL BEATON
À maneira eduardiana: a princesa Natasha Paley e a srta. Mary [Minsie] Taylor, 1935.

IRVING PENN
"Cabeça enfaixada de Cardin", 1969.

RICHARD AVEDON
"Apenas seda e metros de largura", 1949.

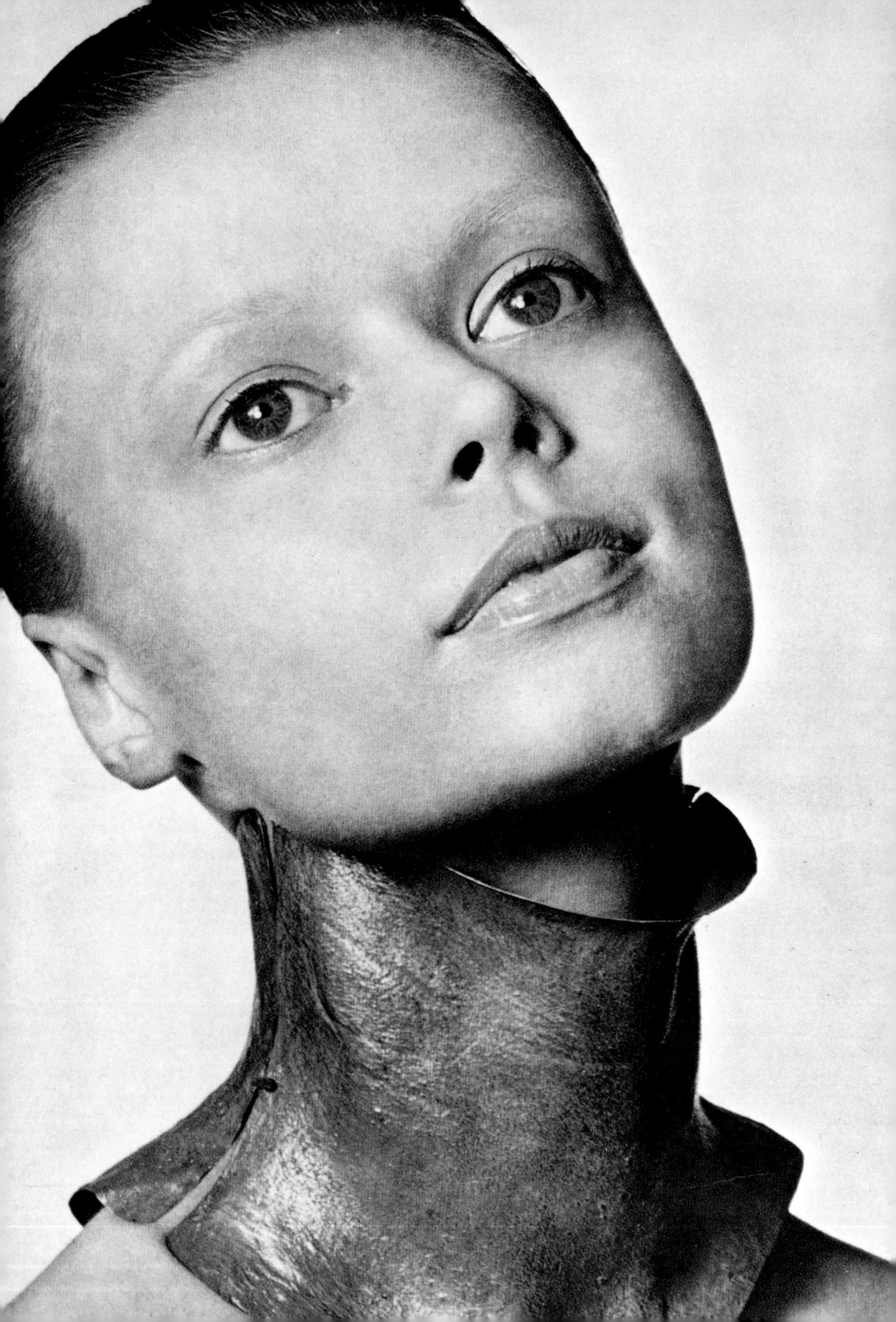

IRVING PENN
"A nova e extrema pureza – a inocente face renascentista", 1970.

RICHARD AVEDON
"Em repouso: o corpo bem alongado", 1960.

HORST P. HORST
Gertrude Stein, anos 40.

SIR CECIL BEATON
Edith Sitwell, anos 20.

As duas maiores modelos do século foram Gertrude Stein e Edith Sitwell – *sem a menor dúvida.* Era absolutamente impossível fazer uma foto ruim dessas duas velhas garotas.

ANÔNIMO/ AGIP
André Gide, 1949.

SIR CECIL BEATON
Cléo de Mérode aos 94 anos, 1964.

páginas seguintes
PAUL HAVILLAND
"Vapor de passagem", c. 1900.

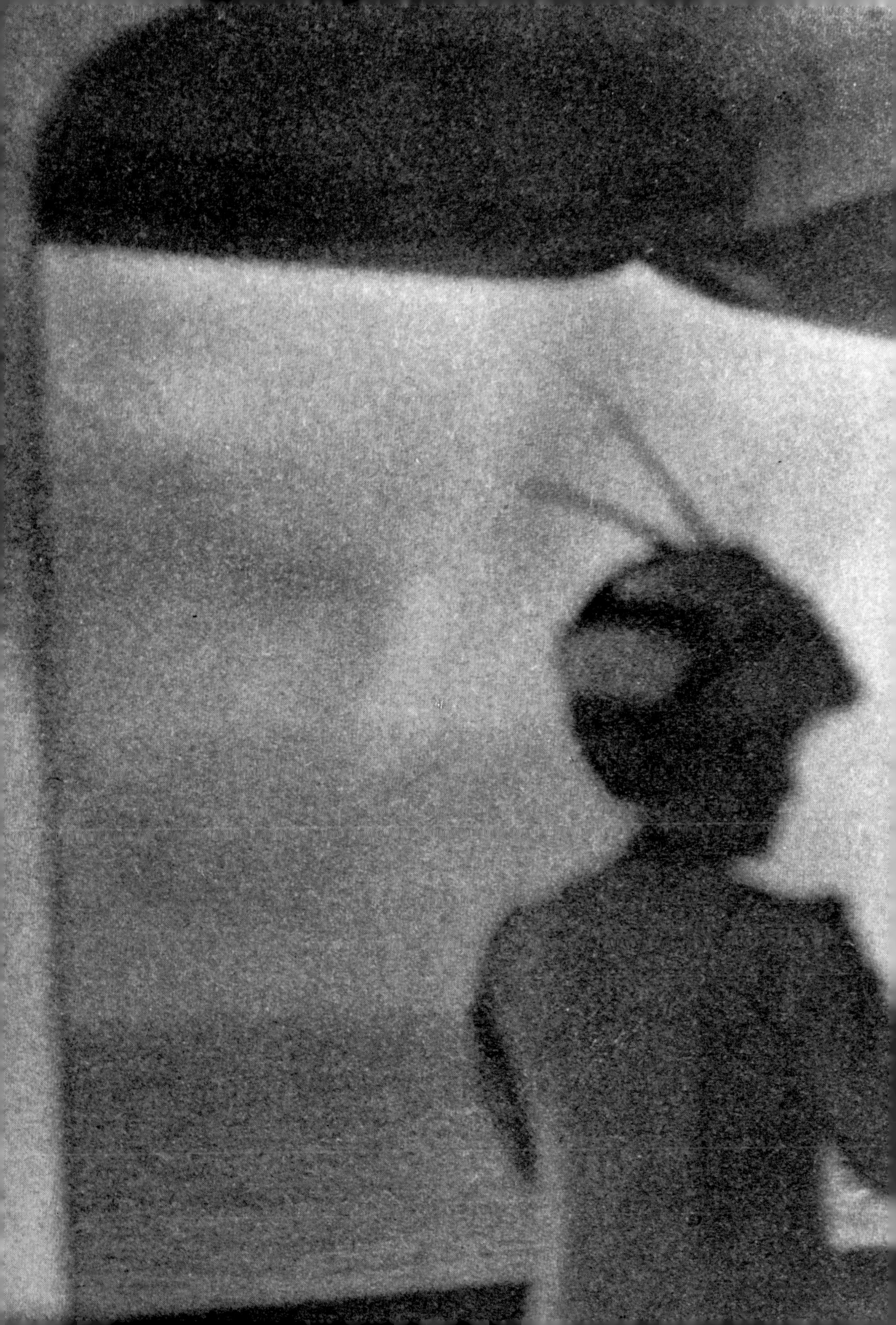

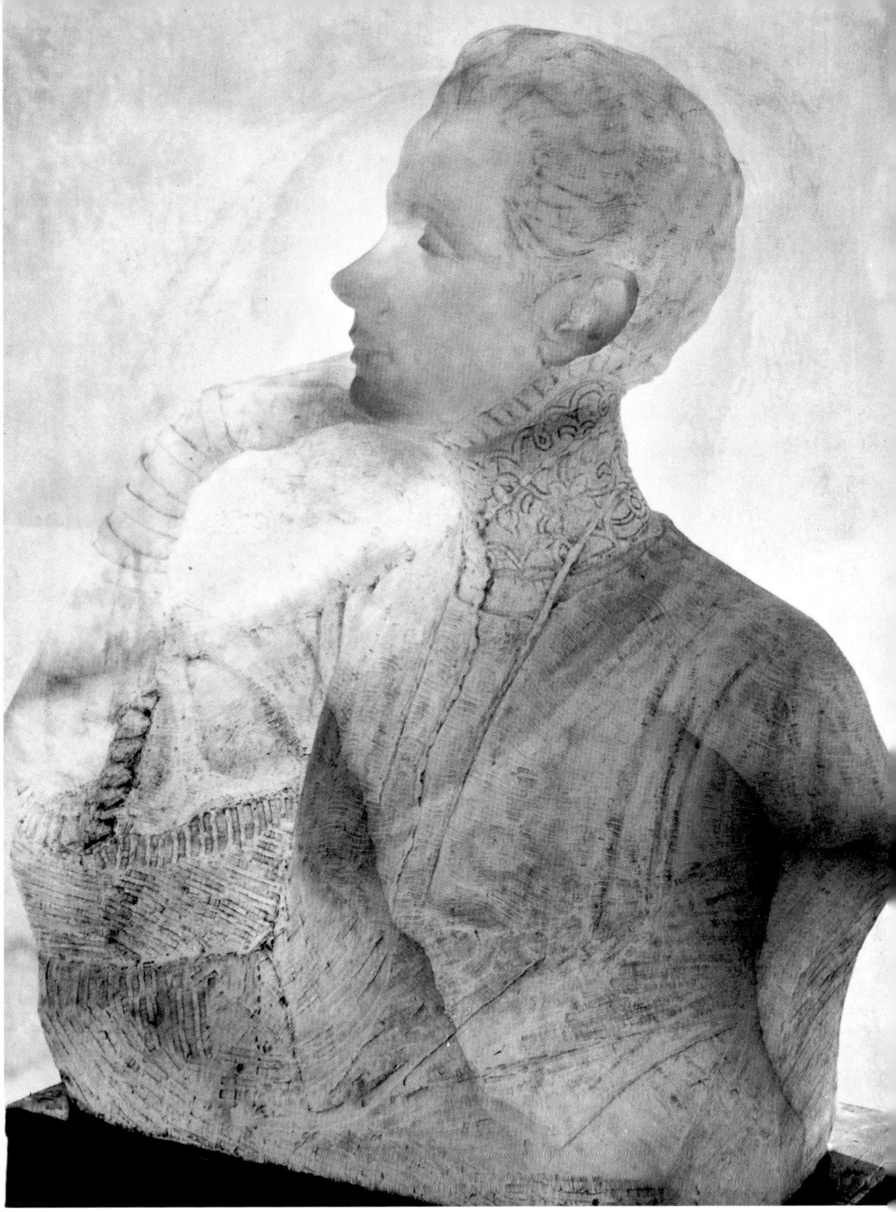

SIR CECIL BEATON
Busto de Rita Lydig por Malvina Hoffman, anos 60.

Ah, o *bizarro*... agora chegamos à *minha* seara!

Rita Lydig foi uma das heroínas do bom gosto no *mundo*. Na mostra *American Women of Style* [Mulheres americanas de estilo], no Metropolitan Museum, reservamos para ela uma sala inteira e no centro colocamos o busto de alabastro em que foi retratada por Malvina Hoffman. Todo mundo comentou os seus sapatos. Curiosamente, ninguém mencionou o busto, que na minha opinião é tão belo que está além de qualquer *comentário*. Você pode vê-lo acima na foto de Sir Cecil Beaton.

Eu me lembro de Lydig tão bem quanto de você. Ela fazia parte da vida de meus pais em Paris e Nova York. Porém, o mais estranho é que, até montar a sala em sua homenagem, eu havia me esquecido de que ela e minha mãe frequentavam o mesmo sapateiro. Tudo me voltou à memória quando vi essas *maravilhosas* sapatilhas alaranjadas – e, quando digo "alaranjadas", não estou dizendo laranja-amarelo, mas *laranja-vermelho* –, com *incríveis* saltos alaranjados e decorados com serpentes douradas... minha mãe, me ocorreu de repente, tinha sapatilhas iguais.

ERWIN BLUMENFELD
Véu molhado, anos 30.

Na *Vogue*, eu era o que se poderia chamar de *enfant terrible*. Nunca me esqueço de uma discussão absurda sobre uma foto que aconteceu assim que comecei a trabalhar lá. As pernas da garota na foto eram estupendas, mas ela era bem cheinha na cintura e o rosto era medonho. Então eu disse: "As pernas são ótimas, mas quanto ao rosto – melhor esquecer! Vamos usar só as pernas e juntá-las com esse torso e essa...".

Pensei que eles iam desabar no *chão*. "Mas vocês não fazem isso o tempo todo?"

Eles acharam que era a coisa mais imoral que já haviam ouvido – pegar a obra de um artista e... aí eu disse: "Ora, fotógrafos não são artistas, pelo amor de Deus! A arte é algo muito raro no mundo. O que existe de arte é esplêndido, mas não vamos confundir isso com moda".

Na *Harper's Bazaar*, era comum usarmos imagens compostas. Fizemos isso durante *anos*. Foi algo que aprendi com a ilustração de moda. Em Paris, muito antes de entrar para esse negócio, eu costumava posar para tantos artistas que você nem imagina – sempre da cabeça para baixo. Era a chamada "modelagem de corpo". Nunca usavam o meu rosto, mas sei como vestir roupas e sempre *adorei* posar.

Na *Harper's Bazaar*, usei muito as pernas de Cyd Charisse, pois ficava louca com o *comprimento* delas. Eram as pernas mais longas do mundo. Proporção e comprimento, proporção e comprimento... as pernas de Cyd davam a impressão de que já haviam sido retocadas.

Aí, na *Vogue*... eu me esbaldei *de verdade*! Juntei *pernas* e *braços* e *cabeças* e tudo o *mais*... para chegar ao todo perfeito. Eu fui a maior retocadora de fotos do mundo. Uma garota em movimento ficava com a mesma aparência que eu lhe dera ao fazer os retoques quando ela estava parada. Eu nunca eliminava menos do que duas costelas.

É tudo *trompe l'oeil*, mas agora estamos falando de moda, não de arte. Esse era o meu negócio. Adoro o artifício, mas também adoro a perfeição. E, como você sabe, no corpo mais perfeito do mundo sempre surge algo que a gente não gosta quando ele assume determinada posição. Por isso, não há como deixar de retocar a foto.

Pelo mesmo motivo, sou *a favor* da cirurgia plástica. As minhas amigas não conseguem entender por que eu mesma não fiz plástica. Bem, tenho lá os meus motivos. Mas o que importa mesmo é que hoje isso virou algo tão corriqueiro quanto tomar uma aspirina. Mas apenas quinze anos atrás...

ELLIOTT ERWITT/MAGNUM
Cirurgia de pálpebra, anos 60.

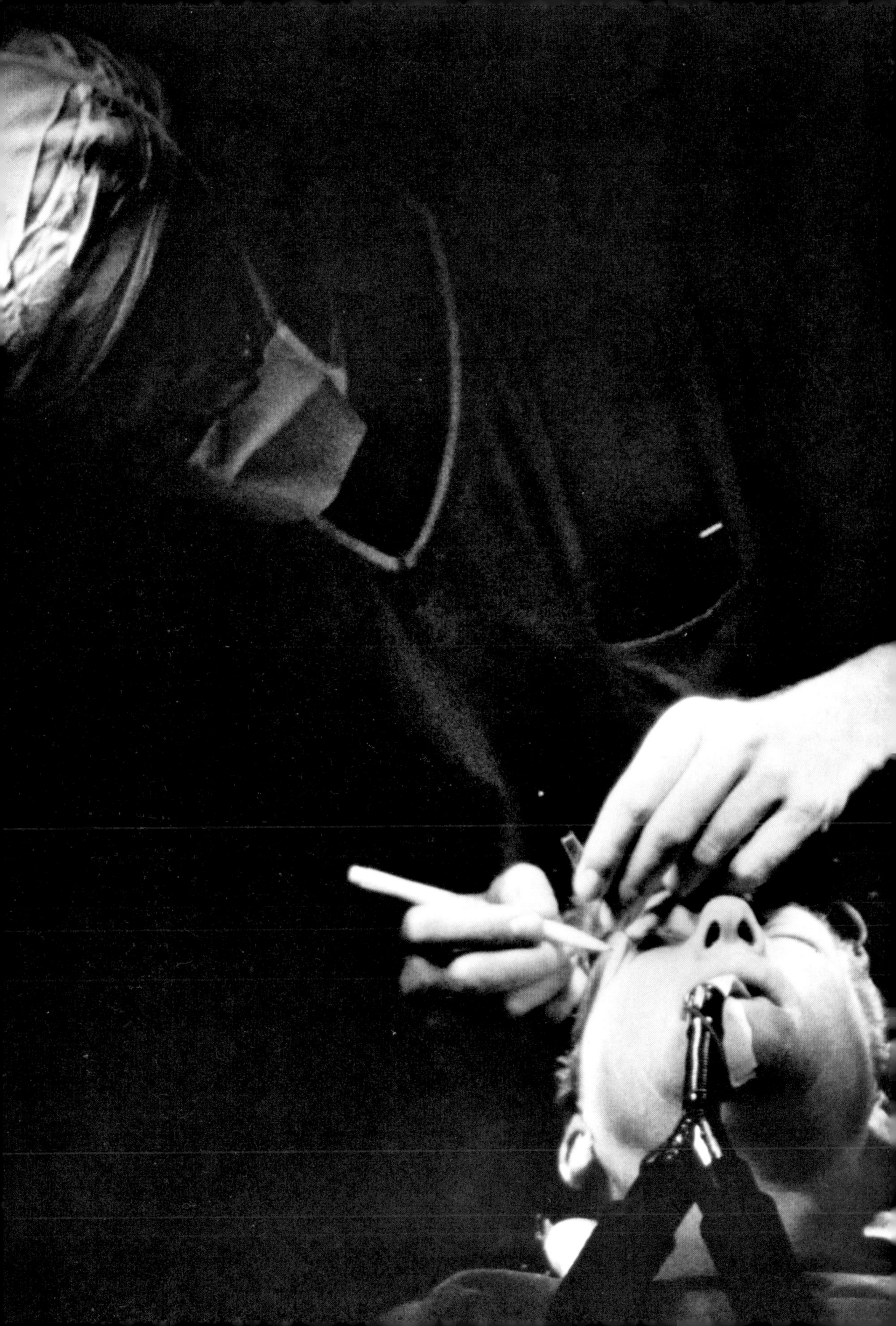

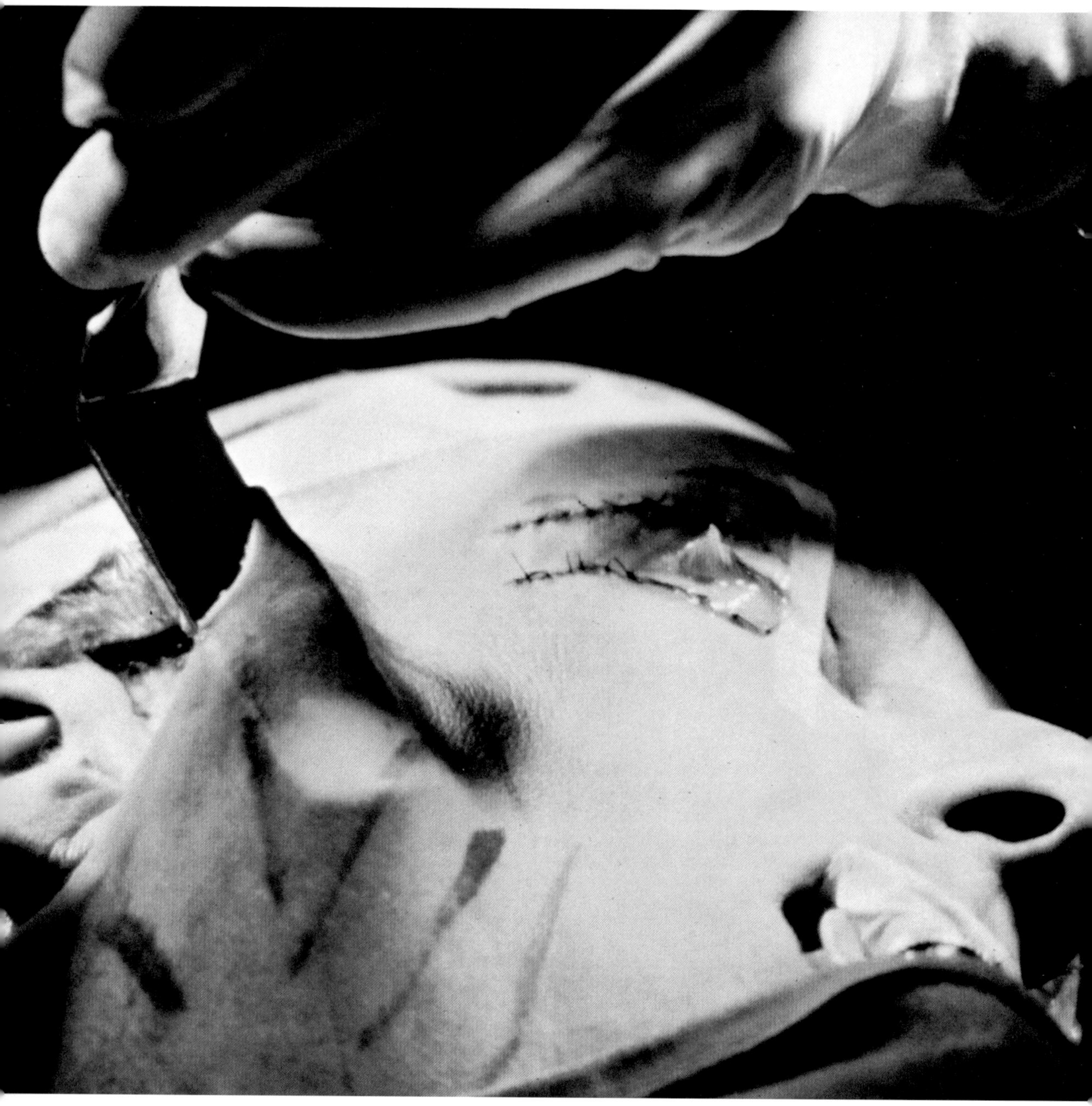

Eles simplesmente não podiam publicar metade das coisas que eu fazia na *Vogue*. Lembro que Elliott Erwitt fez para nós fotos de uma cirurgia de pálpebra. *Isso* foi impressionante. As fotos foram mostradas para vários membros da equipe. Um deles saiu correndo para vomitar, outros ficaram enjoados e incomodados, outros... e eram mulheres *profissionais*, que trabalhavam em uma revista *feminina*, para você ver – e não um bando de donas de casa. Foi *inacreditável*!

Bem, quase tudo o que ali parece sangue é mercúrio-cromo, pois esse é um tipo especial de operação no qual o bisturi quase estanca o fluxo de sangue, e as fotos eram *maravilhosas*.

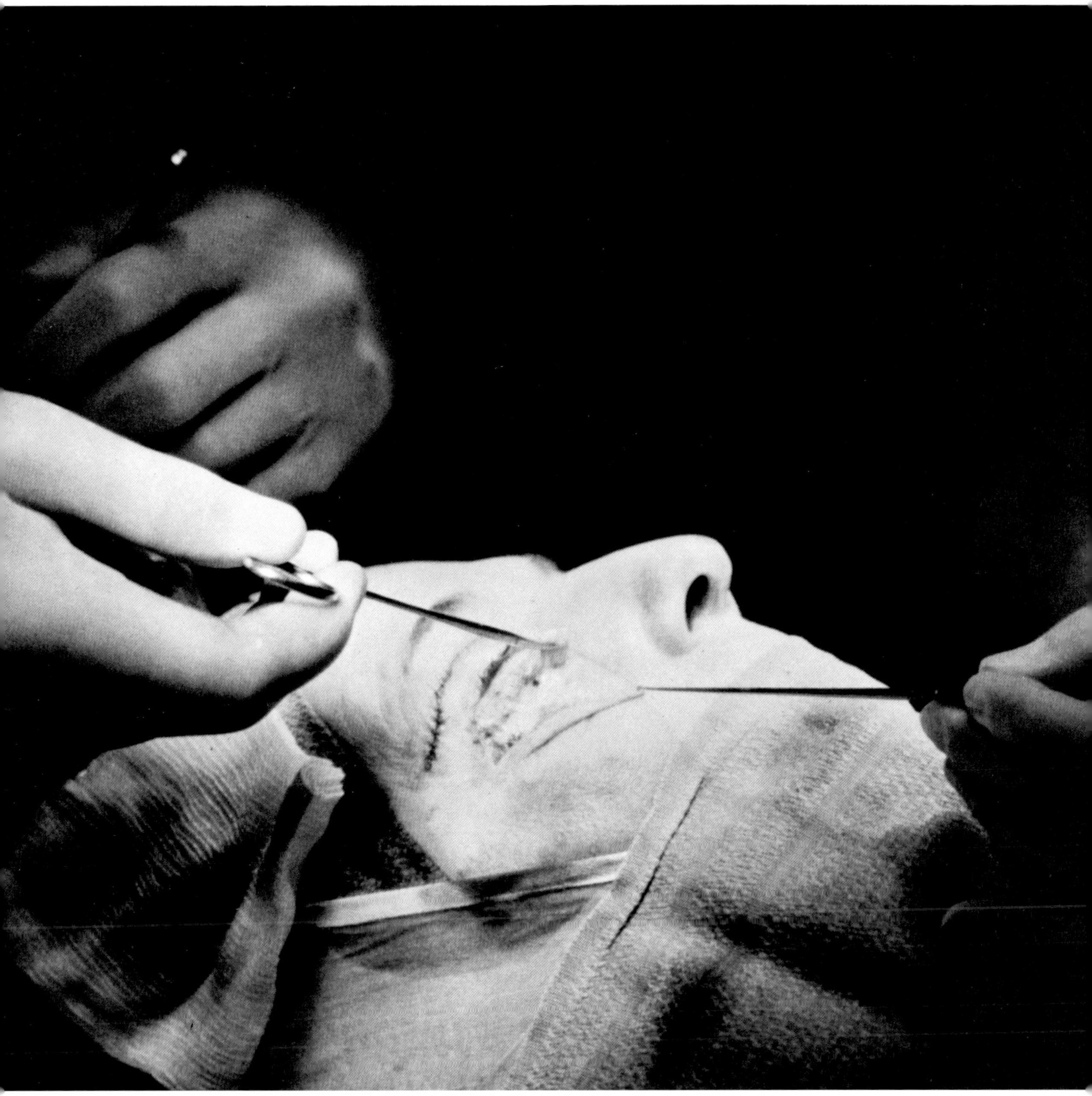

ELLIOTT ERWITT/MAGNUM
Cirurgia de pálpebra, anos 60.

EDWARD STEICHEN
"A dama de branco", 1904.

SIR CECIL BEATON
Baba Beaton, anos 20.

SIR CECIL BEATON
Isak Dinesen, 1959.

SIR CECIL BEATON
Martha Graham, 1967.

SIR CECIL BEATON
Marilyn Monroe, anos 50.

Marilyn Monroe! Essa era uma gueixa. Nasceu para proporcionar prazer e passou a vida fazendo isso – não sabia como escapar disso.

Que desperdício! Ela morreu na semana em que comecei a trabalhar na *Vogue*. Eu ainda não era a editora. No entanto, por coincidência, a edição da revista que estava saindo naquela semana trazia uma longa matéria sobre Marilyn com fotos de Bert Stern. Daves, que era a editora responsável na época e uma dama muito refinada – ela jamais tirava o chapéu –, retirou uma foto do layout porque lhe parecia *"triste demais"*.

Isso me lembrou a época em que entramos em guerra, eu estava então na *Harper's Bazaar* e tivemos de refazer a edição inteira. Não me pergunte o motivo – a vida continua e os mortos ainda estão conosco. Não faz o menor dano a eles. Ainda me lembro do tanto que supliquei a Daves – em vão – para mantermos a foto. "Francamente, Jesse", eu disse, "você não pode deixá-la de fora! Você *não pode*! Toda a pungência e a poesia e a tristeza da mulher estão aí!"

A foto é esta.

BERT STERN
Marilyn Monroe, 1962.

RICHARD AVEDON
"No estúdio do fotógrafo", 1948.

BARÃO DE MEYER
Marquesa Casati, 1912.

BARÃO DE MEYER
Traje de voo Hermès, anos 20.

páginas seguintes
RICHARD AVEDON
"Estrela do Oriente", 1947.

RICHARD AVEDON
"Orgulhosa e altiva", 1965.

BARÃO DE MEYER
"Vestido de crepe estampado – champcommunal", 1926.

RICHARD AVEDON
Macaquinho Claire McCardell no templo da rainha Hatshepsut, 1951.

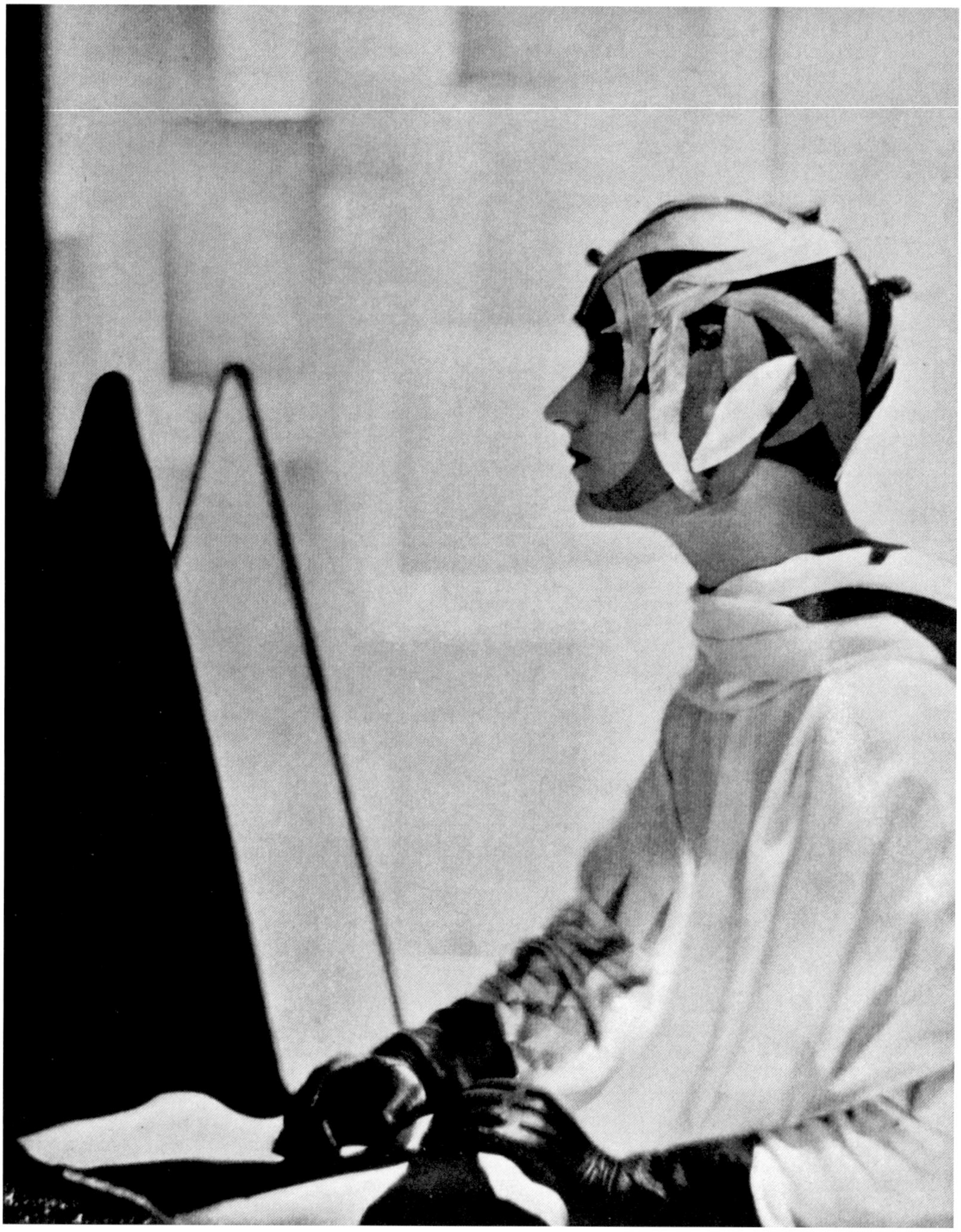

BARÃO DE MEYER
"Folhas verdes e prateadas sobre feltro verde-musgo", 1925.

BARÃO DE MEYER
Lady Abdy com jaqueta de lã e saia de tweed marrom e creme, de Annek", 1929.

BARÃO DE MEYER
"Jaqueta de tafetá branco – de Lelong", 1926.

SIR CECIL BEATON
Princesa Caetani, anos 30.

EDWARD STEICHEN
"Um décolletage oval sustenta a nova moda", 1925.

BARÃO DE MEYER
"Interior moderno em Paris: a residência de madame J. Suzanne Talbot", 1926.

EDWARD STEICHEN
Marion Morehouse com vestido Chanel no apartamento de Condé Nast, 1928.

BARÃO DE MEYER
"O novo chapéu violette usado pela Sua Excelência a Senhora Reginald Fellowes – Alex", 1924.

LOUISE DAHL-WOLFE
Véu de tule branco de Balenciaga, 1954.

LOUISE DAHL-WOLFE
Pelerine de linho branco de Balenciaga, 1953.

A foto de Brigitte Bardot por Bill Klein foi a única coisa que me fez invejar a *Vogue* quando estava na *Harper's Bazaar*.

Para mim, assim como Mick Jagger era *a* cara dos anos 60, Bardot era a cara dos anos 50. Ela abriu o caminho para a década de 60, e a tornou fascinante em vez de apenas feia. Os lábios dela tornaram *possíveis* os lábios de Jagger.

SIR CECIL BEATON
Mick Jagger, 1969.

WILLIAM KLEIN
Brigitte Bardot, 1958.

Quero cabeças, quero braços, quero pernas! Quero *mãos*! Tudo está nas mãos. Elas são uma espécie de fetiche para mim.

Certa vez, tive uma experiência muito curiosa com mãos ao fotografar diamantes para a *Vogue*. Eu havia ligado para Harry Winston e disse "nós ganhamos muito dinheiro com o senhor, que vem nos dando os anúncios mais incríveis e jamais fizemos nada em troca. Mas o senhor já deve ter uma ideia de que quando fazemos as coisas – gostamos de coisas em grande estilo, pois de outro modo elas não se destacam. Isso não é bom para nós, e não é bom para o senhor... precisamos é de *diamantes*!"

Semanas depois ele ligou de volta. "Venha para cá agora mesmo", disse ele, "vou lhe mostrar o maior diamante extraído nos últimos cem anos."

Claro que saí correndo para ver... um pedaço de carvão. Aquilo não significava nada – o diamante não tinha sido revelado. Mas vi quando o colocaram no torno – 275 quilates. Um belíssimo rapaz francês – com avental de trabalho e boina basca – estava cuidando do processo, observando-o sob uma lâmpada própria... ele sabia que conviveria com a pedra por mais dois anos.

Então... dois anos depois, quase na mesma época do ano, o querido Harry Winston me chamou de novo. Ele era uma simpatia comigo. Ele sabia que eu tinha esse *béguin* [paixão] por diamantes... sempre foi assim. Aí ele disse: "Falei para o duque de Windsor que, se viesse às duas e meia, ele seria o primeiro a ver a pedra saída do torno – a senhora entende, não é? Mas se puder vir às três e quinze, a senhora será a segunda pessoa".

Eu vi o diamante. Não tinha permissão para fotografá-lo porque já fora vendido. Mas logo depois, quando estava em Paris fazendo a cobertura das coleções, Harry Winston voltou a ligar.

Fui até lá e, dessa vez, vi *mesmo*... era uma marquesa de 65 quilates. Nos anos 20, toda mulher tinha uma marquesa – uma pequena marquesa achatada. Mas essa marquesa de que estou falando não era nem pequena nem achatada. Era grossa assim – como você deve saber, a espessura é tudo em uma gema. Exclamei, "que coisa *incrível* que o senhor tem aqui!".

Acho que ele sabia que eu... não é só uma questão de desejo – é amor. Eles quase me fazem chorar. Quando vejo diamantes sob a lâmpada do joalheiro, sobre uma pequena almofada de veludo... eu *morro*. Por isso ele disse: "Ele já foi vendido, mas podemos emprestá-lo por dois dias para as fotos".

Aí é que entram as mãos. O diamante chegou, engastado num anel, rodeado de guardas. Fui ao estúdio com David Bailey para tentar fotografá-lo – embora, como regra, eu jamais ia ao estúdio na época em que trabalhava na *Vogue*. Colocamos o diamante na melhor mão de Paris – uma belíssima garota sueca – mas era chato demais, terrível demais... *vulgar* demais. Estávamos em 1970. Na época, não dava para mostrar a marquesa em uma mão de pele branca. O que seria preciso fazer?

Devo confessar que a solução foi minha. Ninguém gosta de fracassar. Estávamos com o prazo apertado e eu é que havia inventado aquela história. Saí andando pelas ruas de Paris e pensando: "O que fazer? O *que* fazer?". Então me ocorreu que em parte nenhuma do mundo há um veio de qualquer pedra preciosa que não tenha a ver com negros. E eles ficam maravilhosos com joias. Não há nenhum veio de pedras preciosas nos locais de origem dos brancos. Não é assim? Então tive uma ideia: não a de usar uma mão negra, mas de *pintar* a mão branca que tínhamos – algo *totalmente* artificial – com tinta preta retinta.

O fato de a imagem ser absolutamente artificial fez toda a diferença. Se tivéssemos ficado com a mão branca, teria parecido algo de 1925. E se tivéssemos usado uma mão negra natural, bem, por mais bonita que fosse, teria sido... banal.

Dois anos... isso é que é esperar. Mas sabe que esperei *treze* anos para que uma mulher morresse e eu conseguisse *outro* diamante para colocar no olho de Penelope Tree? Não é que tenha esperado treze anos para que Penelope crescesse... mas calhou de ela surgir ao mesmo tempo que o diamante!

Bem, *este* tem história. Depois da segunda Cruzada, Leonor da Aquitânia, que foi quatro vezes rainha, partiu a cavalo de Yorkshire a fim de encontrar o filho, Ricardo Coração de Leão, que estava preso em Viena. Não se esqueça que nessa altura ela já estava velha. Sabe como ela o encontrou? O diamante estava no pescoço dele e foi assim que ela o resgatou.

No século XVI, Henri II deu o diamante de presente a Diane de Poitiers. Depois disso, a pedra sumiu...

Há trezentos anos foi lapidado de novo. Ainda tem uma minúscula lágrima que, para mim, é tão tocante que mal consigo suportar – e que não tira nada de seu *valeur*, por assim dizer. Tem 90 quilates, provavelmente você nunca viu algo assim. Talvez tenha visto outras gemas tão grandes, mas não um diamante. Eu o vi pela primeira vez na Harry Winston, quando estava na *Harper's Bazaar*. Liguei imediatamente para lá e disse que gostaria de fotografá-lo, mas me disseram que fora vendido e entregue. Naquela mesma noite, saí para jantar e *vi* o diamante. Foi a primeira vez que vi alguém ir jantar rodeado de guardas. A mulher que o comprou, para você ver, mal podia andar. Ela estava muito doente e era riquíssima – e muito bem cuidada. Como você bem sabe, inválidos assim duram para sempre.

Quando ela morreu, o diamante voltou para a Harry Winston. Claro que, assim que soube, liguei para ele. "Sou eu de novo, senhor Winston!", disse. "Eu também leio os anúncios fúnebres!"

páginas seguintes
DAVID BAILEY
"Uma joia singular", 1970.

SIR CECIL BEATON
Princesa Marthe de Bibesco, amiga de Proust, 1964.

RICHARD AVEDON
"Preto viciante", 1967.

RICHARD AVEDON
"Penelope Tree vê o mundo através de um diamante fabuloso", 1967.

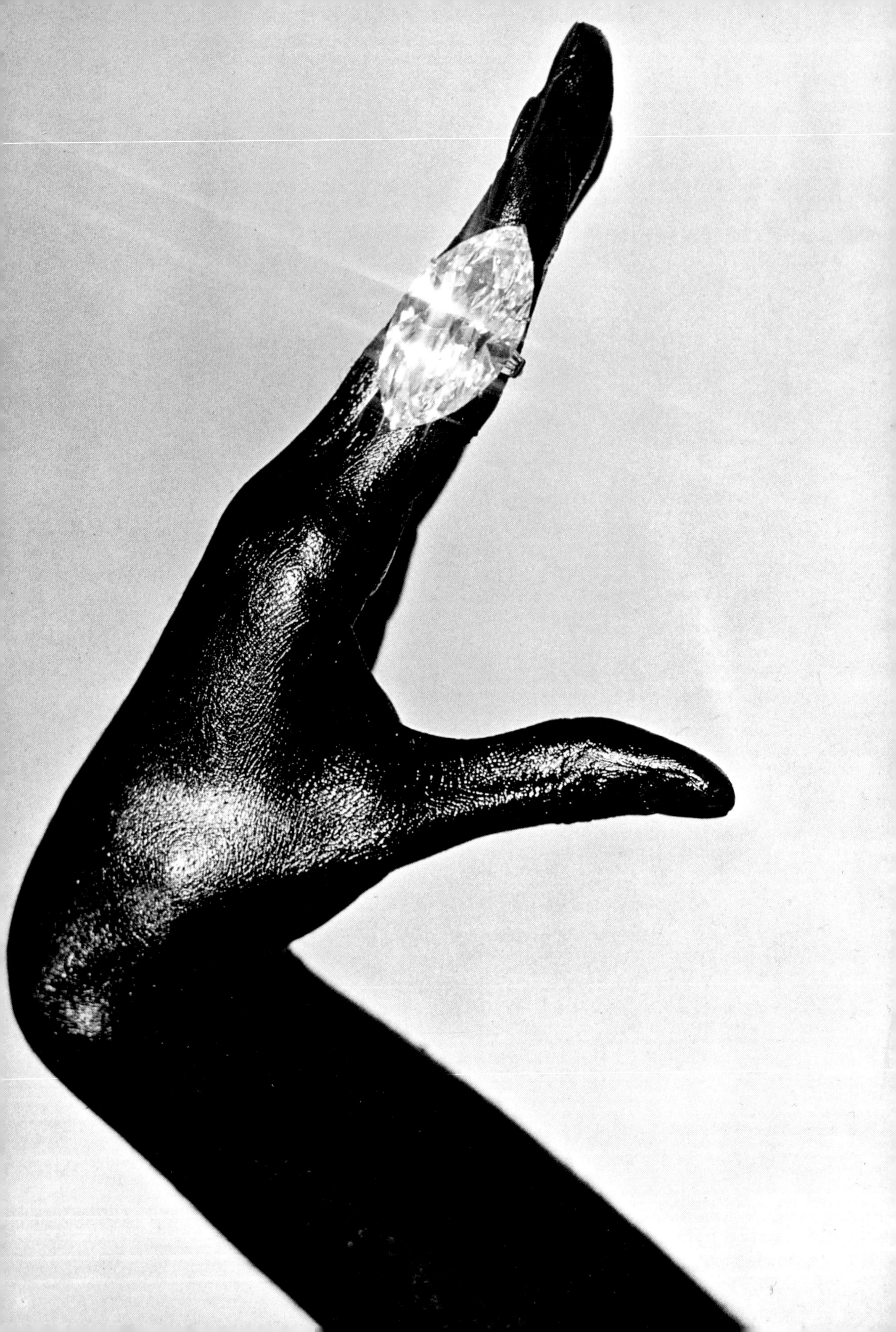

BARÃO DE MEYER
"Duquesa de Gramont com chapéu Alex de palha de cor natural", 1929.

BARÃO DE MEYER
Gertrud Vanderbilt Whitney, com um de seus vários vestidos Bakst, anos 10.

páginas seguintes
RICHARD AVEDON
Allegra Caracciolo, 1966.

RICHARD AVEDON
"Bota de crocodilo de cano longo de St. Laurent", 1963.

RICHARD AVEDON
"A viscondessa de Ribes, cuja beleza renascentista de olhos amendoados conquistou Nova York neste inverno [...]", 1959.

GUY BOURDIN
"A sapatilha perfeita", 1965.

BARÃO DE MEYER
"Nécessaire Cartier de laca preta e jade", 1926.

EDWARD STEICHEN
Pernas, 1934.

EDWARD STEICHEN
Braços, 1934.

Membros, membros... membros belíssimos!

HORST P. HORST
Mão e perna, 1937.

MARTIN MUNKACSI
Fred Astaire, 1936.

MARTIN MUNKACSI
"Exercício para ficar saudável", 1937.

FIGHTING RED

ANÔNIMO
Romy Schneider, 1962.

ANÔNIMO/AP
Raquel Welch entretendo soldados no Vietnã, 1966.

ANÔNIMO
A mão e o gato de Colette, anos 30.

SIR CECIL BEATON
Bébé Bérard, anos 30.

HORST P. HORST
A viscondessa de Noailles, anos 30.

SIR CECIL BEATON
A viscondessa de Noailles, anos 40.

GARAFALO/ PARIS MATCH
Ali Khan e Aga Khan, anos 50.

Ali Khan *andava* como ninguém mais no mundo – como ele era *rápido*! Todo o seu corpo se movia através do espaço e aí continuava avançando, *continuava avançando*... mas você jamais notava o movimento no corpo. Tudo o que via era o corpo se deslocando – se é que dá para entender a diferença.

De todas as pessoas que conheci, o Aga Khan era a que menos se queixava do mundo – era só felicidade! Seu único problema era Ali.

Na foto acima, sinto que o velho Aga Khan está olhando para Ali Khan e pensando "esse garoto jamais será o meu herdeiro". E, como você sabe, não foi mesmo.

ANÔNIMO
Aga Khan III, anos 50-60.

Em Paris, anos atrás, eu estava com Yves Saint Laurent olhando as fotos do maravilhoso casal de noivos espanhóis que Yves havia colocado no final de sua coleção de verão.

"Adoro a noiva", comentei, "e adoro o noivo. Mas para que servem aquelas duas pequenas *duennas* pretas? Afinal, é uma noiva e um noivo – eles não estão muito alegres!"

"Elas simbolizam a morte", respondeu Yves, "pois o casamento é a morte para um homem!"

"Mmm...", disse eu, "que pensamento de *gala*."

Mas não se esqueça de que o véu da noiva, assim como o véu de luto, é um hábito. Eu adoro os hábitos dos monges e das freiras, e os hábitos dos cavaleiros – todos são hábitos e os hábitos são hábitos. É a mesma palavra.

Talvez sejam hábitos do passado. Graças a Deus, ninguém mais veste luto. Nos armários do museu, achei um vestido de luto do século XIX para uma criança de mais ou menos três anos. Imagine só isso: já naquela idade – porque a tia do primo que nunca casou com a irmã que teve a criança cujo tio, de quem a criança nunca tinha ouvido falar nem vira, havia morrido – essa criança tinha de vestir luto.

Estou exagerando, é claro, mas você entendeu. É algo datado. E incompreensível para nós.

Talvez o casamento seja um hábito do passado. Cada vez menos as pessoas se casam atualmente, e só se casam quando tem um motivo muito bom para isso. Deixou de ser um hábito.

Talvez a nossa morbidez em relação à morte seja um hábito. No Japão, quando você conta que sua mãe acabou de morrer, as pessoas dão uma risadinha.

Mesmo assim, acho belíssimas as noivas. Elas adquirem certo ar... é completamente diferente da ostentação da própria independência quando a gente já se estabeleceu como alguém que é alguém e não precisa de mais ninguém – a aparência que, lamentavelmente, nos impõe o mundo se quisermos *sobreviver*. Em vez disso, é uma coisa de proteção. Na hora em que está protegida, a mulher fica mais bonita – se é assim que ela se *sente*. É só uma questão de sentimento.

E, para mim, as viúvas são ainda mais extraordinárias. É a percepção de que estão *sozinhas* – de que onde quer que coloquem as mãos, não vai haver ninguém ali para ajudá-las em nada.

Há uma foto da duquesa de Windsor, feita logo após o funeral do duque... ela está numa janela, uma pérola em forma de lágrima pende de um colar também de pérolas no pescoço, e os lábios dela estão entreabertos.

Ela está completamente despojada de emoção. Está além das lágrimas. Diante dessa imagem, não me ocorre nenhuma outra palavra além de "transcendente".

ANÔNIMO/UPI
A duquesa de Windsor, 1972.

páginas seguintes
ANÔNIMO
A rainha-mãe, a rainha Elizabeth e a princesa Margareth saem do trem fúnebre de George VI, 1953.

ANÔNIMO/AP
As três rainhas no funeral de George VI, 1953.

CAMILLA MCGRATH
Rudolf Nureiev em Spoleto, 1964.

A vida de um bailarino deve ser a coisa mais exaltante do mundo – é também a mais excruciante. No entanto, ter realizado um movimento com o braço, um momento de beleza, uma *coisa*...

Não tenho a menor vontade de ir aos bastidores. Mas nas raras vezes em que fui às coxias para ver Nureiev, ele estava sempre enrolado em um roupão, com os pés em água quente e sais.

"Desculpe-me por não me levantar", ele sempre dizia.

"Claro que sim", sempre respondia.

Ele está sofrendo dores atrozes, entende?... Isso é o que há por trás do *splendeur – l'autre côté de la medaille.* Essa, na minha opinião, é a nossa vida... *de verdade.*

GERY/ PARIS MATCH
O jovem Nureiev em Paris, 1962.

SIR CECIL BEATON
A princesa de Kapurthala, anos 30.

HORST P. HORST
Barbara Hutton, 1939.

SIR CECIL BEATON
Coco Chanel, anos 30.

Ultimamente as pessoas me fazem todo tipo de perguntas absurdas.

Aqueles que colocam essas questões são sempre iguais. Embora não se conheçam uns aos outros, há anos eles vêm conspirando para que eu diga que a moda está morta. Todos estão à espreita, esperando por isso. É uma espécie de *armadilha*. E tem uma a cada esquina.

"Ó, Vreeland", sempre começam assim, "a senhora sempre teve um gosto tão requintado. A senhora sempre entendeu tudo sobre a elegância e..."

E et cetera. Posso sentir a tempestade se armando a milhas e milhas de distância. Eles acham que afinal conseguiram me encurralar. Acham que vão *mesmo* conseguir que eu fale. "O que a senhora acha... do jeans", dizem.

Claro que esperam que eu *baixe a guarda* e diga: "Ó, são medonhos! Eles acabaram com a moda!". Na verdade, porém, a única coisa que manteve a moda viva são os jeans, pois são feitos de tecidos maravilhosos e têm caimento, ousadia e *silhueta*... os únicos elementos indispensáveis da moda.

Por isso sempre respondo a mesma coisa: "Eles são o que há de mais belo desde a gôndola", e fico por aí.

Essa pergunta, eu sei como lidar. No entanto, outro dia, alguém realmente me pegou de surpresa. "Qual era a relação entre Picasso e Chanel?", ela queria saber.

Isso por causa da mostra sobre Diaghilev que montei no museu, entende? Essa garota pretendia tratar de *tudo* em sua entrevista.

Então pensei um minuto e disse: "Ambos viviam à larga e ganhavam muito dinheiro e, tendo começado do nada, acabaram influenciando Deus e o mundo, e todo o século XX – o que mais se pode querer de duas pessoas?".

Ela esperava pelo menos meia hora de intelectualismo, *naturellement*. Bem, *não de mim*.

Mas então pensei um pouco mais sobre Chanel e disse: "A maioria das pessoas está totalmente... voltada para si mesma. Ao contrário de Chanel. Ela foi a única visionária de verdade na história da moda. Foi a pessoa mais interessante que *eu* conheci".

E isso encerrou a questão.

Poucas semanas atrás, em Boston, vieram com outra dúvida. "Sabe, em Boston", começou a menina, "todo mundo que se veste bem é considerado de mau gosto..."

Nem mesmo deixei que completasse a pergunta. Eu estava apressada e não me contive. "Você não pode – em 1979 – dizer algo assim!", disse eu. "Simplesmente *não dá*!"

Ela ficou completamente perdida, a pobrezinha. Uma boa menina – mas *perdida*. Jamais imaginou algo assim. Ela contava com um *monte* de comentários.

"Mas por que você está preocupada com o bom gosto?", perguntei. "Isso é parte do problema – essa *preocupação*, essa eterna preocupação. Um monte de gente tem um gosto horrível, sabe, e consegue ganhar *muito* dinheiro com isso."

Bem, então chegamos à elegância. Ela queria saber a diferença entre elegância e moda. *Isso* eu sabia como responder – não passa uma semana sem que alguém me coloque essa questão.

"Não dá para fazer essa pergunta de modo tão descuidado", disse a ela. "A moda é algo passageiro – que tem a ver com a fantasia e o sentimento. Já a elegância é algo inato. Não tem nada a ver com estar bem-vestido. É uma qualidade que possuem certos pensamentos e certos animais. As gazelas, na minha opinião, são elegantes, com aquelas cabecinhas, o pelo sedoso e o jeitinho sedutor..."

Uma vez, há muitos anos, em Sidi Bou Said, uma pequena gazela pulou no meu colo, aterrorizada. Para ela, claro, o mais aterrorizante era estar no meu colo, mas eu senti aquelas minúsculas patas e aquele rosto em miniatura olhando para mim como apenas uma criatura selvagem é capaz... jamais vou me esquecer disso.

Por isso, eu disse: "As gazelas são elegantes. E também Audrey Hepburn – de maneira magnífica".

Depois disse algo que eu sempre soube. Não sei quem estou citando. Não foi de você que aprendi isso, tampouco o inventei, mas é algo que sempre soube em toda a minha vida.

"A elegância", disse, "é recusa."

DENNIS STOCK/MAGNUM
Audrey Hepburn, anos 50.

SIR CECIL BEATON
Audrey Hepburn, anos 50.

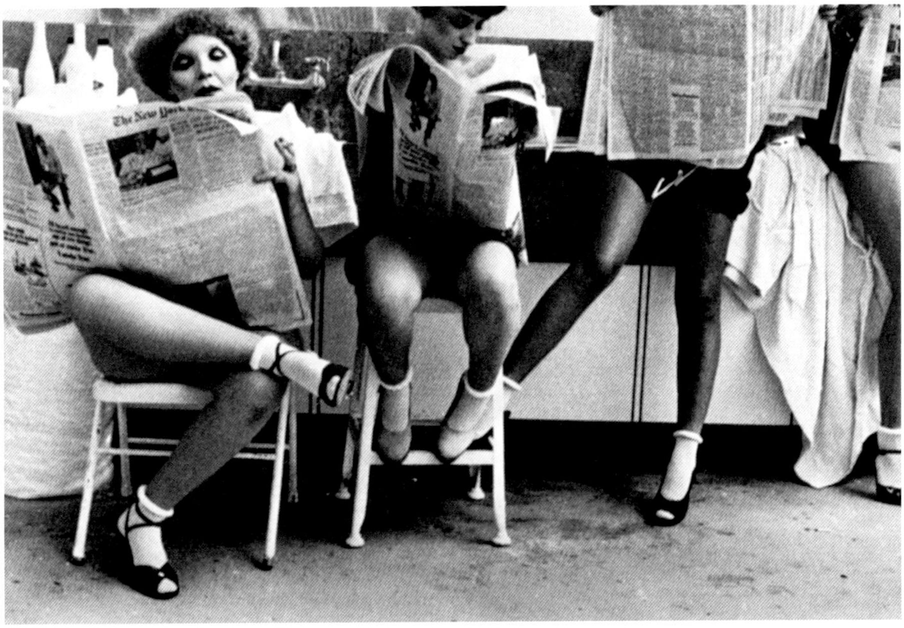

DEBORAH TURBEVILLE
Anúncio do Xavier Hair Salon, 1975.

Este é quase um começo... todos os meus velhos hábitos da época das revistas estão voltando. É uma certa forma, certo ritmo, certa combinação de certas imagens e certos pensamentos...

A divina Arletty envolta luxuriosamente em um casaco de arlequim ao lado de...

Agora isso é uma novidade – essa foto não se parece *muito* com um bordel? O fascinante, para mim, é o fato de ser uma propaganda. Se você faz uma foto de quatro jovens sentadas em um banheiro, lendo jornais, esperando pelo movimento da tarde – e então a usa para vender *cabelo* – é impossível não achar isso engraçado, a não ser que você esteja louco. Sempre tivemos anúncios, mas seria preciso buscar muito para achar algo assim!

É preciso vender, vender... toda a minha vida ouvi o que os fotógrafos *poderiam* fazer se apenas lhes permitíssemos, se não tivéssemos de vender. Bem, agora eles *podem*.

As garotas devem estar adorando, elas chegam ao estúdio pensando: "O que vai acontecer com a gente *hoje*?".

Nós já percorremos um longo caminho, meu amor... na verdade, seria melhor que deixássemos de lado toda essa bobagem e ficássemos em casa lendo Proust.

GEORGE HOYNINGEN-HUENE
"Arletty veste o manto Arlequim de Schiaparelli", 1937.

AGRADECIMENTOS Fred Hughes nos apresentou e tornou possível esta colaboração. Horst P. Horst, o grande fotógrafo de moda, alterou de modo significativo o projeto com a apresentação de uma única pessoa. Com eles temos as nossas primeiras dívidas de gratidão.

Em seguida, os agradecimentos mais óbvios vão para os fotógrafos que nos permitiram reproduzir suas obras. Além de Horst, são eles Richard Avedon, David Bailey, o finado Sir Cecil Beaton, Guy Bourdin, Louise Dahl-Wolfe, Elliott Erwitt, James Karales, William Klein, J.-H. [Jacques-Henri] Lartigue, Camilla McGrath, Irving Penn, Bert Stern e Deborah Turbeville.

Trabalhando em seus campos profissionais, as pessoas a seguir nos cederam tempo valioso de suas pesquisas e, na maioria dos casos, acabaram nos fornecendo cópias de fotos e autorização para reproduzi-las: Mary Lou Lucey e os funcionários da Butler Library, na Universidade Columbia; Christopher Phillips, da George Eastman House; Robin Massée, do Serviço Cultural da Embaixada da França; William Ewing, do International Center of Photography; Tom Bresil, da Magnum; Mary Dougherty, do Museum of Modern Art; Richard L. Couper e os funcionários da New York Public Library; Jackie Climent-Galant, da *Paris Match*; Barbara Grosset, da Rapho; Antonio Homem, Illéana Sonnabend e Ealan Wingate, da Sonnabend Gallery; John Bowes-Lyon, Philippe Garner e Nicola Redway, da Sotheby's, Londres; Ann Horton e Wathena Slaughter, da Sotheby Parke-Bernet, Nova York; John Looney, da United Press International; Diana Edkins e William Rayner, da *Vogue*; Alex Kroll, da *Vogue* inglesa; Susan Train, da *Vogue* francesa; e Don Bowden, da Wide World Photos.

Sua alteza, a rainha, nos concedeu graciosamente a permissão para reproduzir a foto do rei George V e da rainha Mary.

As pessoas seguintes generosamente emprestaram cópias valiosas de suas coleções particulares: Gerald Fitzgerald, Flora Irving, Roberta Kimmel-Cohn, Joan Munkacsi, Marina Schinz, Helen Sinclair, Lucien Treillard, Gloria Vanderbilt, Sam Wagstaff e, por último, sobretudo Paul Walter.

Pela ajuda variada demais para ser aqui especificada, também gostaríamos de agradecer a Julian Bach, Timothy Baum, Bruno Bischofberger, Ferle Bramson, William Burke, Françoise de la Renta, Richard de Cicco, Mark Douglas, Yvonne Duval, John Esten, Patrick Filley, Jesse Gerstein, Larry Goldman, Clara Hemphill, Bryan Holme, Schott Hyde, June Kanai, Ann Kennedy, Sally Kirkland, Valentine Lawford, Fran Lebowitz, Robert Littman, a finada Kathryn Bache Miller, David Polonoff, Mary Russell, Kate Smith, Joanna T. Steichen, Nicholas Vreeland e Robert Wilson.

Helen Merrill e Peter Tufo cuidaram das questões monetárias sempre com espírito de amizade.

Na Doubleday, Alex Gotfryd, com a competente ajuda de Christine Aulicino e Peter Kruzan, supervisionou o projeto gráfico do livro e contribuiu com inúmeras sugestões valiosas. Do mesmo modo, Ray Roberts ofereceu excelentes conselhos editoriais. Finalmente, por sua paciência, persistência e espirituosidade, sem as quais este livro teria sido verdadeiramente inviável, temos a mais profunda dívida de gratidão para com a nossa editora, Jacqueline Kennedy Onassis. – C.H.

CRÉDITOS DAS IMAGENS pp. 25, 27, 86, 184, 195 | AP Images. | p. 143 | Cortesia Bert Stern. | p. 111 | Library of Congress, Prints & Photographs Division, Carl Van Vechten Collection. | p. 162 | William Klein/Condé Nast Publications. | pp. 43, 102 | Barão De Meyer/Condé Nast Publications. | p. 12 | Bob Krieger/Condé Nast Publications. | p. 14-15, 40, 41, 92, 113, 146, 147, 151, 152, 153, 154, 157, 159, 168, 172, 173, 178 | David Bailey/Condé Nast Publications. | pp. 47, 48, 49, 56, 91, 156, 158, 179, 181 | Edward Steichen/Condé Nast Publications. | pp. 72, 73, 74, 75 | G. H. Heune/Condé Nast Publications. | pp. 28, 60, 61, 96-97, 120, 121, 141, 200-201 | Sir Cecil Beaton/Condé Nast Publications. | p. 108 | Horst P. Horst/Condé Nast Publications. | p. 42 | Ira T. Hill/Condé Nast Publications. | pp. 63, 64, 66, 67, 68, 69, 70, 71, 78, 122, 124 | Irving Penn/Condé Nast Publications. |pp. 2, 56, 57, 58-59, 207| Deborah Turbeville/Cortesia Staley-Wise Gallery, Nova York. |p. 205| Dennis Stock/Magnum Photos. | p. 197 | Camilla McGrath/Cortesia Earl McGrath. | pp. 52, 53, 54, 55, 56, 138 | Permissão de Joanna T. Steichen. | pp. 135, 136, 137 | Elliott Erwitt/Magnum Photos. | p. 26| Cortesia Teatro alla Scala/Erio Piccagliani. | p. 132 | Espólio da família de Erwin Blumenfeld. | pp. 76, 87, 93, 100, 103, 206| G. H. Huene/Horst/Cortesia Staley-Wise Gallery, Nova York. | p. 90 | Espólio de George Platt Lynes. | pp. 110, 127, 180, 188, 199| Horst p. Horst/Art + Commerce. | p. 88| Jacques-Henri Lartigue/Ministère de la Culture, França/A.A.J.H.L. | p. 6 | James Karales/Espólio de James Karales. | pp. 160, 161 | Louise Dahl-Wolfe/Cortesia Staley-Wise Gallery, Nova York. | pp. 22, 23, 44, 46, 51 | 2010 Man Ray Trust/Artists Rights Society (ARS), Nova York/ADAGP, Paris. | pp. 33, 77, 182, 183 | Espólio de Martin Munkacsi/Cortesia Howard Greenberg Gallery, Nova York. | p. 98 | Maurice Zalewski/Rapho. | p. 81 | Walter Carone/Paris Match/Scoop. | p. 115 | Maurice Jarnoux/Paris Match/Scoop. | p. 191 | Jack Garafalo/Paris Match/Scoop. | p. 196 | Gérard Gery/Paris Match/Scoop. | pp. 94, 95, 109, 112, 126, 128, 133, 139, 140, 142, 155, 163, 169, 187, 189, 198, 204 | The Cecil Beaton Studio Archive at Sotheby's, Londres. | pp. 4-5, 31, 62, 79, 123, 125, 144-145, 148, 149, 150, 170, 171, 174, 175, 176 | The Richard Avedon Foundation.

guarda inicial
ALEXEY BRODOVITCH
Symphonie fantastique, c. 1935.

guarda final
ALEXEY BRODOVITCH
Septième Symphonie, c. 1935.

Coordenação editorial **CHARLES COSAC**
Preparação **CARLA MELLO MOREIRA**
Revisão **ADRIANA CERELLO** e **MARIA FERNANDA ALVARES**
Composição **GABRIELA CASTRO**

Nesta edição, respeitou-se o novo Acordo Ortográfico da Língua Portuguesa.

Dados Internacionais de Catalogação na Publicação (CIP)
(Câmara Brasileira do Livro, SP, Brasil)

Vreeland, Diana
Glamour: Diana Vreeland e Christopher Hemphill
Título original: *Allure*
Tradução: Claudio Marcondes
São Paulo: Cosac Naify, 2011
208 pp.; 170 ils.

ISBN 978-85-405-0102-7

1. Fotografia de moda I. Hemphill, Christopher.
II. Jacobs, Marc. III. Título.

11-06213 CDD-779

Índices para catálogo sistemático:
1. Fotografia de moda: Arte 779

COSAC NAIFY
Rua General Jardim, 770, 2º andar
01223-010 São Paulo SP
[55 11] 3218-1444
cosacnaify.com.br
Atendimento ao professor
[55 11] 3218-1473

Fonte Helvetica Neue Pro
Papel Couché 150 g/m²
Impresso na China
Tiragem 3 000

ISBN 978-85-405-0102-7
9 788540 501027